とにかく
かんたん

ゆる〜っと
はじめる
10分自炊

増補
改訂版

島本美由紀

東京書店

はじめに

本書は、これから自炊生活をはじめる学生や
新社会人に向けた「ひとり暮らしのための料理本」です。

料理がはじめての方でも、ムリなく、手早く、簡単に、
そしておいしく作れるようにレシピを考案しました。
「ひと口タイプのコンロ」と「電子レンジ」だけで作れるので
ひとり暮らしのキッチンでも大丈夫!

どの料理も10分以内で作れるもので
食材は、手軽にスーパーで購入できるものばかり。
手順を3段階にまとめてわかりやすく解説しています。

おにぎりやお味噌汁などの超入門メニューから
ハンバーグやしょうが焼き、ナポリタンなどの定番まで
ゆる〜っと作れる全87品の簡単レシピを紹介していますので
ぜひ自炊にチャレンジしてみてください。

食材が余ったときの保存方法などものせていますので
気負わず役立ててもらえたらうれしいです。

島本美由紀

レシピの見方

調理道具

フライパン
フライパンを使う料理についています。

電子レンジ
電子レンジを使う料理についています。この本では600Wの電子レンジを使用。

片手鍋
片手鍋を使う料理についています。

土鍋
土鍋を使う料理についています。この本では1人用（直径18cm）の土鍋を使用。

作り方
作り方を3段階にまとめ、わかりやすく解説。迷いやすい火加減はすぐにわかるように強調しています。

ポイント
調理の際のコツや注意点などを掲載しています。

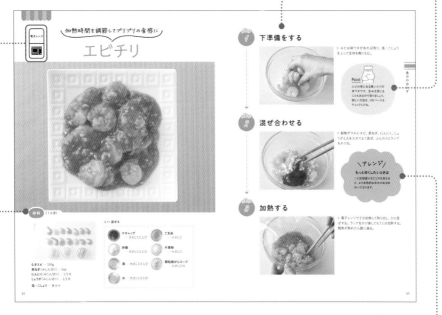

材料
その料理を作るのに必要な食材と調味料の量がパッと見てわかるよう、写真で紹介しています。

アレンジ
同じ作り方で食材や調味料を変えてできるアレンジのアイデアです。

この本のきまり

- 材料は1人分で表示していますが、レシピによっては作りやすい分量のものもあります。

- 肉や魚、野菜（きのこ類を除く）は、切る前に水でさっと洗い、キッチンペーパーを使うかザルにあげて水気を切ります。

- 材料に、（○○切りにする）と書かれている食材は、事前に切ります。切り方は、141〜143ページで確認しましょう。

- 「適量」は適切な量を加減して必ず入れること。「適宜」は好みに応じて入れても入れなくてもOK。

- 作り方に「フタをする」、「フタをして」と書いていなければ、フタはしません。

- 電子レンジが500Wの場合は、作り方に書かれている加熱時間の1.2倍の時間で加熱してください。

- 「粗熱を取る」と書かれている場合は、手で触ることのできる温度にすることです。

CONTENTS

肉の
おかず

卵の
おかず

魚介の
おかず

野菜の
おかず

米・麺・パン

小さな
おかず

スープ

自炊ビギナーさんが 知っておきたいこと ⑩

そろえておきたい 調理道具

自炊をすると決めたら、よく使う基本の調理道具をそろえましょう。
これさえあれば、ほとんどの料理が作れます。

焼く・炒める・煮る・加熱する

フライパン大（直径24〜26cm）

あらゆる調理に対応できる万能サイズ。焦げつきにくいフッ素樹脂加工のものが扱いやすくておすすめ。

フライパン小（直径18〜20cm）

1人分の調理にぴったりの大きさ。少量なら、煮る、ゆでる、揚げるなどの調理にも対応できます。

片手鍋（直径16〜18cm）

1・2人分の味噌汁や2・3個のゆでたまごを作るとき、少量の野菜をゆでるときに活躍します。

耐熱皿（直径16〜22cm）

電子レンジ調理では、調理容器兼盛りつけ皿に。ただ、直火にはかけられないので注意を。

ボウル

混ぜる、あえるなど、さまざまな調理で重宝。電子レンジ調理にも使える耐熱ガラス製のものが便利です。サイズ違いで3つあると◎。

下ごしらえ

バット

材料を並べる、下味をつける、粉をまぶすなど、下ごしらえで重宝します。2〜3枚あると便利。

ザル

水気を切ったり、下ごしらえをした食材の置き場としても使えます。耐熱性が高く、持ち手がついているものを選びましょう。

切る・むく

包丁

刃渡り20cmくらいのものが扱いやすく、さまざまな食材に対応できて便利。さびにくいステンレス製のものがベスト。

まな板

作業スペースに合わせたサイズを選んで。プラスチック製は匂いやカビがつきにくいので、初心者向きです。

キッチンばさみ

食材を切るときに、包丁の代わりとして活躍。下ごしらえの際にあると重宝します。

ピーラー

野菜の皮むき器。野菜を薄く切ることもできるほか、刃の横の突起でじゃがいもの芽を取ることもできます。

はかる

計量カップ

液体や粉ものをはかる容器。電子レンジにも対応できるプラスチックや耐熱ガラス製のものを選びましょう。

計量スプーン

調味料や粉をはかるスプーン。大さじ＝15ml（15cc）、小さじ＝5ml（5cc）が基本です。1/2量をはかれるものがセットでついていることも。

デジタルスケール

食材の重さをはかる調理用の計量器。容器を差し引いた重さを簡単にはかることができます。

混ぜる・盛りつける

菜箸

調理や盛りつけに使う長い箸。2～3組あると調理中に使い分けができます。ひもは切って使いましょう。

しゃもじ

ごはんを混ぜたり、よそったりするときに使用。水にぬらしてから使えば、ごはんがくっつきにくくなります。

へら

食材や調理器具を傷つけにくい竹製や木製がベスト。先が斜めのものなら鍋底の隅まで届きます。

お玉

汁ものや煮ものをすくったり、混ぜたりするときに。素材は金属製でも、耐熱樹脂製でもOKです。

フライ返し

菜箸ではつかみにくい食材を扱うときに活躍。フッ素樹脂加工のものならフライパンを傷つけません。

ラップ・アルミホイル

ラップは保存だけでなく、電子レンジでの加熱調理にも使います。アルミホイルは電子レンジ調理には使えませんが、直火での調理で活躍。

キッチンペーパー

吸水性にすぐれたキッチン専用の紙ふきん。水にぬれても破れにくく、食材の水気を取るときやフライパンに油を広げるときなどに使用。

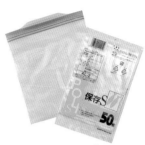

ファスナーつき保存袋・ポリ袋

ファスナーつき保存袋は食材の冷蔵・冷凍保存に便利。ポリ袋は食材に下味をつけるときにも使えます。

密閉式保存容器

料理の冷蔵・冷凍保存で使用。汁ものを保存するときなど特に重宝します。電子レンジ対応のものなら、そのまま温め直せるので便利。

ふきん

用途別に分けて使うようにしましょう。調理用、食器用、台ふき用の3種類があればベスト。使ったらこまめに洗って菌の繁殖を防いで。

鍋つかみ

熱くなった鍋の取っ手や、電子レンジで加熱した皿などを持つときに。しっかりと指でつかめるミトンタイプがおすすめ。

あると便利

おろし器

だいこん、長いも、にんにく、しょうがなどをすりおろす道具。おろし金と受け皿が別になっているタイプもあります。

1人用土鍋

5・6号(15・18cm程度)の小さな土鍋。鍋料理や炊飯ができます。調理したあとに鍋のまま食事ができるのがうれしいポイント。

キッチンタイマー

ゆで時間や焼き時間、煮込み時間をはかるためのタイマー。数字が見やすいデジタル式がおすすめ。

そろえておきたい
調味料

普段よく使う調味料、油、粉類をまとめて紹介します。
それぞれの特徴や種類、使い方を覚えれば迷わずに調理できます。

次のページにものってるよ！

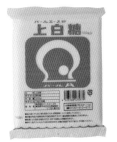

砂糖

甘みをつける以外に、照りやうまみ、コクを出すのに使います。

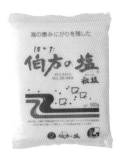

塩

味つけのほか、食材の水分を出したり、臭みを取るためにも使われます。

さしすせその順番

「さとう」「しお」「す」「せうゆ（しょうゆ）」「みそ」から1文字ずつ取った、味つけの順番のこと。食材になじみにくい砂糖から加えます。先に塩を入れてしまうと砂糖が染み込みにくくなるので注意して。酢、しょうゆ、味噌は最初に入れると加熱によって香りや風味が飛んでしまうので、なるべく後に入れるようにしましょう。

こしょう
（粉末・粗びき）

黒こしょうと白こしょうをブレンドした粉末タイプのこしょうは、下味をつけるときや味を調えるときに便利。粗びきタイプは辛みが強く、料理のアクセントとして使えます。

酒（清酒）

この本で使用する「酒」は、塩を含む「料理酒」ではなく、塩を含まない「日本酒（清酒）」です。料理にうまみやコクを加えるほか、臭みを消したり、食材をやわらかくしてくれます。

しょうゆ

この本では濃口しょうゆを使用。色づけや香りづけ、臭み取りなど、用途はさまざまです。

味噌

大豆、塩、麹から作られる発酵調味料。塩味だけでなく、コクと風味をプラスしてくれます。

酢（穀物酢）

米や麦などから作られます。酸味をつけるほか、塩味をやわらげる効果も。

みりん

この本では塩を含まない本みりんを使用。うまみや照りを出す、煮くずれを防ぐなどの効果があります。

顆粒だし（和風だし・コンソメ・鶏ガラスープ）

味噌汁やスープを作るときは、さっと水に溶かして使える顆粒だしが便利。和食には和風だし、洋食にはコンソメ、中華料理には鶏ガラスープがベスト。汁ものだけでなく炒めものや煮ものにも使えます。

めんつゆ（3倍濃縮）

昆布やかつおだしに、濃口しょうゆ、砂糖、みりんなどを加えた調味料。濃縮タイプは水や湯で薄めて使います。

液体だし（白だし）

昆布やかつおだしに、白しょうゆや薄口しょうゆ、砂糖、みりんなどを加えた調味料。煮もの、すまし汁、うどんなどに。

サラダ油

菜種や大豆などから精製された油のこと。クセがなく、炒めものや揚げものをはじめ、どんな料理にもぴったり。

オリーブオイル

その名の通り、オリーブの実から作られた油。香りがよく、ドレッシングがわりに野菜にかけても◎。

ごま油

焙煎したごまを絞った油で、中華料理を中心に使用。香ばしい風味があり、料理の香りづけに最適です。

バター

生乳から作られ、有塩と無塩があります。コクやうまみをプラスしてくれ、有塩バターなら調味料としても使えます。

ポン酢しょうゆ

すだち、かぼすなどの柑橘類のしぼり汁としょうゆを合わせた調味料。油っぽさを流してくれて、あっさりした後味に。

中濃ソース

野菜とスパイスから作られ、とろみとほのかな甘みが特徴。揚げものにかけるほか、料理の隠し味としても役立ちます。

おろししょうが おろしにんにく

チューブタイプをそろえておくと、さっと使えて便利。どちらも料理に風味を加えたり、食材の臭みを消したりしてくれます。

ケチャップ・マヨネーズ

ケチャップは酸味や甘み、うまみがあるので隠し味にも◎。マヨネーズはサラダなどにかけるだけでなく、他の調味料と合わせて使うことも。

小麦粉（薄力粉）

強力粉、中力粉、薄力粉がありますが、この本で使う小麦粉は薄力粉です。肉や魚のソテー、揚げものの衣など、さまざまな料理で活躍します。

片栗粉

揚げものの衣として食材にまぶしたり、水に溶いて加熱し、料理にとろみをつけるときなどに使います。

あると便利な調味料

わさび・からし

鼻にツンとくる辛みが特徴のわさび。辛みが強いからし。どちらも和食だけでなく、洋食などにも合います。

焼肉のタレ

スパイスやうまみがぎゅっと詰まっているので、炒めものの味つけにもうってつけです。

オイスターソース

カキを原料としたソースで、主にコクや香りを生かした中華料理に使われます。

はちみつ

甘みだけでなく、栄養や風味も豊かな天然の甘味料。肉をやわらかくし、魚の臭みを抑え、照りを出す働きもあります。

カレー粉

ターメリックなど十数種類のスパイスをブレンド。さまざまな料理をスパイシーな風味にアレンジできます。

ラー油

唐辛子などの香辛料を油で熱し、辛み成分を油に移したもの。料理に加えて辛さを調節するのに使います。

豆板醤

そら豆が原料の辛味噌。麻婆豆腐や回鍋肉などの中華料理によく使われ、うまみと辛みを加えます。

輪切り唐辛子

乾燥させた赤唐辛子（鷹の爪）を輪切りにしたもの。少量だけ使いたいときに便利です。

基本の作り方
ごはん・おかゆ

まずは覚えておきたい、ごはん・おかゆの炊き方を紹介します。
炊飯器がなくても大丈夫！　鍋で炊く方法を知っていると便利です。

ごはん

おかゆ

はかり方

炊飯専用のカップに米を入れ、指を使って余分な米を落とし、すり切りではかります。炊飯専用のカップは1カップが1合＝180mℓ。通常の計量カップは1カップ＝200mℓなので、間違えないようにしましょう。

水加減（炊飯器の場合）

炊飯器で炊く際の水加減の目安です。米の種類に応じて調整を。

無洗米

普通米と同様に内釜の目盛りに合わせて水を入れ、1合につき大さじ1〜2の水を増やします。

新米

水分を多く含むため、1合に対して内釜の目盛りから小さじ2程度の水を減らします。

Point

ごはんを炊く前に、酒やみりん、はちみつを少々加えると、お米のツヤや香り、甘みがより感じられます。

ごはん〈炊飯器で炊く場合〉

米を水に通す

❯ 大きめのボウルに米を入れ、水を一気に注ぐ。

❯ 指先を使って米全体を大きくざっと混ぜ、素早く水を捨てる。

米をとぐ

❯ 指を立て、力をあまり入れないようにして20〜30回同じ方向にかき混ぜる。

❯ 水を加えて大きく一度混ぜ、とぎ汁を捨てる。これをにごりが薄くなるまで2・3回繰り返す。

水加減をして炊く

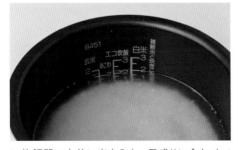

❯ 炊飯器の内釜に米を入れ、目盛りに合わせて水を入れる。浸水させる場合は30分ほどおいてから炊く（炊飯器によっては浸水時間があらかじめ設定されているものもあるので確認する）。

❯ 炊き上がったら時間をおかず、すぐに底から返すようにして混ぜ、空気を含ませてふんわりさせる。

ごはん〈鍋で炊く場合〉

材料
米 … 1合（180㎖）
水 … 200㎖

Step 1 米をとぎ、浸水させる

▶ 15ページのStep1・Step2と同じように、米を水に通して鍋の中で米をとぐ。

▶ ザルにあげ、水気を切る。鍋に米を戻し入れ、分量の水を加えて30分ほど浸水させる。

Step 2 炊く

▶ フタをして**中火**にかける。

▶ 湯気が出て沸騰しはじめたら**弱火**にして8分加熱する。

Step 3 蒸らす

▶ フタを開けずに10分ほど蒸らす。

▶ 底から返すようにして混ぜる。

おかゆ〈鍋で炊く場合〉

材料

米 … 1/2合（90㎖）
水 … 600㎖　塩 … 少々

Step 1

米をとぎ、浸水させる

▶ 15ページのStep1・Step2と同じように、米を水に通して鍋の中で米をとぐ。

▶ ザルにあげ、水気を切る。鍋に米を戻し入れ、分量の水を加えて15分ほど浸水させる。

Step 2

炊く

▶ フタをせずに**中火**にかけ、沸騰させる。

▶ 沸騰したら**弱火**にし、フタをずらして隙間を開けて20分ほど加熱する。

Step 3

味を調える

▶ 全体を混ぜ、塩で味を調える。

＼アレンジ／

トッピングいろいろ

お好みで梅干しや小口切りにした万能ねぎのほか、塩昆布などをトッピングしても。

基本の作り方
おにぎり

ごはんが温かいうちに、お米をつぶさないようにやさしくにぎりましょう。
朝ごはんやお弁当にと、いろいろな具材のバリエーションを楽しんで。

形の種類

俵形

茶碗にごはんをよそい具材を入れ、手に取って軽くまとめる。
片手を丸いコの字形にし、もう片方の指で上下を押さえて形
を整える。

丸形

茶碗にごはんをよそい具材を入れ、手に取って軽くまとめる。
両手で平たく丸い形に握ってから手のひらで側面を丸く整える。

おにぎり〈三角形の作り方〉

 材料 （2個分）　温かいごはん … 200g　梅干し … 1個　焼きのり … 適量
塩水 … 塩小さじ1と水大さじ2を混ぜる

Step 1　具材を入れる

Point
サケフレークなどのばらけやすい具材を入れるときは、茶碗に1/4程度のごはんを入れてから具材を中央に入れ、その上から1/4のごはんをかぶせます。

≫ 茶碗に半量のごはんを入れ、タネをのぞいて半分にした梅干しを中央にうめるように入れる。

Step 2　にぎる

≫ 両手のひらに塩水をつけて、片手に茶碗に入れたごはんをのせ、やさしくまとめる。

≫ 反対の手をくの字形にし、三角形の頂点を作るようにしてにぎる。

Step 3　形を整える

≫ 一度ぎゅっとにぎり、形を整える。転がしながら全体を三角形に整えて数回にぎり、のりを巻く。

＼アレンジ／
お好みの具材で
ツナマヨ（ツナ缶1/2缶分、マヨネーズ大さじ1、しょうゆ少々を混ぜる）や昆布、サケフレーク、あぶったたらこなど、具材はお好みのものを。ごはんに具材を混ぜてからにぎるのもおすすめです。

調味料のはかり方

味を左右する調味料は、しっかりはかって使うのが料理上手への近道。
調味料のはかり方を覚えて、味つけをマスターしていきましょう。

- 大さじ1……15ml（15cc）　● 小さじ1……5ml（5cc）　● 1カップ……200ml（200cc）

粉・顆粒 ……砂糖、塩、小麦粉、片栗粉、顆粒だし、カレー粉など

大さじ1・小さじ1のはかり方

計量スプーンに山盛りに盛ってから、別の計量スプーンの柄などを水平に当てて平らにならし、すりきりにします。

1/2・1/3のはかり方

すりきり1杯に2等分または3等分の線を入れて、別の計量スプーンの柄で使わない分を取りのぞきます。

液体・半液体 ……水、酢、しょうゆ、みりん、酒、ソースなど

大さじ1・小さじ1のはかり方

計量スプーンに縁からあふれるぎりぎりのところまで入れて、表面が盛り上がっている状態にします。

1/2のはかり方

計量スプーンの深さの2/3まで入っている状態にします。

1/3のはかり方

計量スプーンの深さの1/2まで入っている状態にします。

1カップのはかり方

平らなところへ置き、液体の揺れが少ない状態で真横から見てはかります。

ひとつまみ

親指と人差し指、中指の3本の指を使ってつまんだ量。およそ小さじ1/4になります。

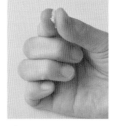

少々

親指と人差し指の2本の指を使ってつまんだ量。およそ0.2〜0.5gになります。

約3.5cm

しょうが・にんにくチューブ

約3.5cmでおよそ小さじ1になります。

卵の
おかず

コスパがよくて栄養満点の食材といえば、卵！
日持ちもするので、使いやすい食材の代表選手です。
まずは卵のおかずをマスターしてみましょう。

ちょっとのコツで誰でもおいしく作れます

目玉焼き

材料 (1人分)

卵 … 1個

サラダ油
… 小さじ1/2

キャベツ(千切りにする) … 適量
トマト(くし切りにする) … 適量
レモン(輪切りにする) … 適量

Point

卵の殻が入らないよう、直接フライパンに割り入れずに、いったん容器に入れるようにしましょう。

Step 1 焼く

▶ フライパンにサラダ油を入れ**中火**で熱し、卵を静かに流し入れる。**弱めの中火**で1分30秒〜2分焼く。器にキャベツ、トマト、レモンとともに盛る。

Point

卵は衝撃に弱いので、低い位置からそっと入れるようにします。**弱めの中火**でじっくり加熱しましょう。

蒸し焼き

▶ 卵をフライパンに入れたあと、水大さじ2を加えてすぐにフタをする。**弱めの中火**で1分30秒〜2分蒸し焼きにする。

折り焼き

▶ 卵をフライパンに入れたあと、**弱めの中火**で1分ほど焼く。白身をフライ返しで折り、1分ほど焼いて裏返す。焼き色がつくまで焼く。

＼アレンジ／

具材といっしょに焼く

卵と合わせてベーコンやハム、野菜を焼けば、ボリュームが出て彩りもアップします。かける調味料も、塩・こしょう、しょうゆ、カレー粉、マヨネーズ、ソースなど、いろいろなものと合うのでお気に入りを見つけてみましょう。

+ベーコン

+ハム

+パプリカ

+キャベツ

片手鍋

時間を覚えて好みのかたさで作りましょう

ゆでたまご

材料
> 卵…2個（冷蔵庫から出したばかりのもの）
> 塩…ひとつまみ

とろとろ
5〜6分

半熟
8分

かため
12分

Step 1

> 卵は丸みのある方の殻に画び
ょうやピンで穴を開ける。

Step 2

> 鍋底から7〜8cmの高さの湯を沸
かし、ひとつまみの塩と卵を加える。

Step 3

> **弱めの中火**で好みのかたさに
なる時間までゆでる。

Step 4

> 卵を取り出したらすぐに水を張
ったボウルに入れ、粗熱を取る。

Step 5

> 少しだけ殻をむいたところに流
水を当て、水の勢いを利用して殻
をむく。

Point

卵の数が変わっても、ゆでる
時間は同じです。ゆでるとき
に塩を入れることで白身が流
れるのを防げます。

電子レンジ

とろ〜り温泉たまごをレンジでお手軽に

温泉たまご

卵のおかず

材料

卵 1個
水 適量（器によるが大さじ3〜4）
万能ねぎ（小口切りにする） 適宜
ポン酢しょうゆ（またはしょうゆ） 適宜

Step 1

▷ 耐熱容器（マグカップでもOK）に卵を割り入れる。

Step 2

▷ かぶるくらいの水を注ぐ。

Step 3

▷ 破裂しないよう黄身に2か所ほど竹串で穴を開ける。

Step 4

▷ ラップをかけずにそのままで、電子レンジで40秒加熱する。

Step 5

▷ 水を捨てて器に盛る。好みで万能ねぎやポン酢などをかける。

Point

電子レンジによって加熱時間は変わるため、40秒加熱し、様子を見ながら10秒ずつ加熱時間を増やしましょう。

フライパン

かき混ぜながら焼くことでふんわりした食感に

卵焼き

 材料 （1人分）

卵 … 2個

サラダ油
… 小さじ1

大根おろし … 適量
しょうゆ … 適量

A ▸▸ 混ぜる

水 … 大さじ1と1/2

砂糖 … 小さじ1

顆粒和風だし
… 小さじ1/4

焼く

▷ ボウルに卵とAを入れて混ぜる。フライパンを**中火**で熱してサラダ油を入れ、折りたたんだキッチンペーパーで全体に油を薄くのばす。

▷ 卵の半量をフライパンに流し、半熟状になるまで菜箸を使ってかき混ぜる。

巻く

▷ フライパンのフチを菜箸で一周させて卵をはがしやすくし、フライ返しで奥から手前に折りたたむように巻く。

▷ フライパンの奥側に最初に使ったキッチンペーパーで油をひき、巻いた卵を奥にずらして手前にも油をひく。

焼き足す

▷ 残りの卵をフライパンに流し、巻いた卵の手前を菜箸で浮かせて下に流し入れる。半熟状になったら手前に巻く。巻き終わったら一口大に切って器に盛り、大根おろしを添えてしょうゆをかける。

\アレンジ/

甘い卵焼きにするなら

Aをみりん大さじ1、砂糖大さじ1、顆粒和風だし小さじ1/4にしましょう。砂糖を多く入れると焦げやすくなるため、火加減にご注意!

フライパン

大きくぐるぐるとかき混ぜ、ふんわりと

ハムとチーズの
オムレツ

材料 （1人分）

ハム（1cm角に切る）… 2枚
ピザ用チーズ … 10g
サニーレタス … 適量
トマト（くし切りにする）… 2切れ

A ▸▸ 混ぜる

卵 … 2個

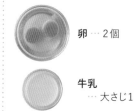

牛乳
… 大さじ1

塩・こしょう … 各少々

サラダ油
… 大さじ1

ケチャップ … 適量

28

焼く

▶ フライパンにサラダ油を入れ**中火**で熱し、**A**を一気に流し入れる。菜箸で大きくかき混ぜる。

▶ 半熟になったら**弱火**にし、ハムとチーズを真ん中にのせる。

卵のおかず

形を整える

▶ フライ返しで手前から1/3を折り、フライパンの奥のフチに寄せる。

▶ フライ返しで具材を包み込むように、奥から折る。

器に盛る

▶ 反対の手で器を持ち、フライパンをひっくり返して器に盛る。トマトとちぎったレタスをのせ、ケチャップをかける。

＼アレンジ／
野菜を具材にする
ハムの代わりに、ゆでたほうれん草やミニトマト、解凍したミックスベジタブルをチーズと組み合わせて具材にします。

フライパン

味がまわりやすいように豆腐をちぎるのがポイント

卵と豆腐の チャンプルー

材料 (1人分)

めんつゆ(3倍濃縮)
… 小さじ1

ごま油
… 大さじ1/2

かつお節 … 適量

木綿豆腐 … 1/2丁
万能ねぎ(2cm長さに切る) … 2本
卵 … 1個
ツナ(缶汁は切る) … 1/2缶

Step 1 下準備をする

▶ 豆腐はキッチンペーパーで包み、電子レンジで1分30秒加熱して水切りをする。

▶ ボウルに卵を割りほぐし、ツナ、万能ねぎ、めんつゆを加えてよく混ぜる。

Step 2 焼く

▶ フライパンにごま油を入れ**中火**で熱し、手で5〜6つにちぎった豆腐を並べて焼く。

▶ 焼き色がついたらひっくり返し、他の面にも焼き色をつける。

Step 3 炒め合わせる

▶ 卵を加え、半熟状になったら木べらで大きく全体を混ぜて炒め合わせる。器に盛り、かつお節をふる。

\アレンジ/

豊富なバリエーション

具材は、ゴーヤー、キャベツ、もやし、豆苗、セロリ、厚揚げ、そうめん、豚肉、牛肉、鶏肉などでもGOOD。お好みの組み合わせで作ってみて。

フライパン

トロトロ食感とトマトの酸味がマッチ

卵とトマトの炒めもの

材料 （1人分）

トマト(くし切りにする) … 1/2個
卵 … 1個
顆粒鶏がらスープ … 小さじ1/3
ごま油 … 小さじ1

混ぜる

> ボウルに卵を割りほぐし、顆粒鶏がらスープを加えて混ぜる。

トマトを焼く

> フライパンにごま油を入れ**中火**で熱し、トマトを入れて両面をさっと焼いて軽く火を通す。

卵を焼く

> 卵を加えて木べらで混ぜ、半熟状になったら火を止めて器に盛る。

\ アレンジ /

トマトを別の野菜にする

アスパラ、キャベツ、小松菜、しめじなどでもおいしく仕上がります。
Step2で同じように入れ、火をしっかり通してから卵を加えましょう。

肉の
おかず

定番のメイン料理として、大人気の肉のおかず。
ハンバーグにしょうが焼き、から揚げ、肉じゃが……と
自分で作れるようになるとうれしいものが並びます。

フライパン

重しを使ってパリパリに焼きあげます

皮パリチキンソテー

材料 (1人分)

鶏もも肉 … 1/2枚
ベビーリーフ … 適量
レモン(くし切りにする) … 1切れ

 塩 … 小さじ1/2

 サラダ油
　　　… 小さじ1/2

Step 1　下準備をする

>> 鶏肉の両面に塩をふる。

>> 鶏肉全体に塩をすり込むように手でもむ。

Step 2　皮目を焼く

>> フライパンにサラダ油を入れ**中火**で熱し、皮がある面を下にして鶏肉を入れる。

>> 鶏肉にアルミホイルをかぶせ、その上から水を半分くらいまで入れたボウルをのせて3〜4分焼く。

Step 3　裏返して焼く

>> 皮がこんがりと焼けたら裏返して3 〜 4分焼き、食べやすい大きさに切り分ける。器にベビーリーフとレモンを盛り、鶏肉をのせる。

フライパン

蒸し焼きでふわっとジューシーな仕上がりに

ハンバーグ

材料 （1人分）

合いびき肉（牛・豚）… 100g
トマト（くし切りにする）… 2切れ
ベビーリーフ … 適量

玉ねぎ
（みじん切りにする）
… 1/8個

溶き卵
… 1/2個

サラダ油
… 大さじ1

水 … 大さじ1
塩・こしょう … 各少々

A ▸▸ 混ぜる

ケチャップ
… 大さじ2

中濃ソース
… 大さじ1

Step 1 混ぜる

▶ ボウルにひき肉、玉ねぎ、溶き卵、塩・こしょうを入れる。

▶ ひき肉をツヤが出てくるまで手で混ぜる。

Step 2 形を作る

▶ ひき肉を手に取り、左右の手のひらに打ちつけてタネの中に入った空気を抜く。

▶ 形を整え、熱が通りやすいように中央を少しへこませる。

Step 3 焼く

▶ フライパンにサラダ油を入れ**中火**で熱し、ひき肉を入れて1分焼く。焼き色がついたらひっくり返す。

▶ 水を加えてフタをし、**弱めの中火**で4～5分焼いてトマトとベビーリーフをのせた器に盛る。火を消したフライパンの煮汁に**A**を加えて混ぜ、ソースを作ってかける。

肉のおかず

フライパン

タレを最後に入れることで肉の焦げを防ぎます

しょうが焼き

材料 (1人分)

豚ロース肉(しょうが焼き用)… 100g(4〜5枚)
キャベツ(千切りにする)… 適量
トマト(くし切りにする)… 2切れ

サラダ油
… 小さじ2

小麦粉 … 適量

A ▸▸ 混ぜる

しょうゆ
… 大さじ1

砂糖
… 大さじ1/2

みりん
… 大さじ1

しょうが(すりおろし)
… 小さじ1/2

酒 … 大さじ1

Step 1 下準備をする

≫ 豚肉の両面に小麦粉をまぶし、余分な粉を
はたいて落とす。

Point

小麦粉をまぶすのには、肉のう
まみを閉じ込めてパサつきを
防いだり、タレをからみやすく
したりする役目があります。

Step 2 焼く

≫ フライパンにサラダ油を入れ**中火**で熱し、肉
を1枚ずつ重ならないように広げて焼く。

≫ 焼き色がついたらひっくり返す。

Step 3 煮からめる

≫ **A**を加えて煮からめる。キャベツとトマトを器
に盛り、豚肉をのせる。

＼アレンジ／

野菜を加える

1cm幅に切った玉ねぎやピーマン、縦
半分に切ったミニトマト、角切りにし
たアボカドをいっしょに焼いても楽し
めるレシピです。

フライパン

火加減に気をつけてジューシーに仕上げます

から揚げ

材料（1人分）

鶏もも肉（一口大に切る）… 1/2枚（150g）
ベビーリーフ … 適量
レモン（くし切りにする）… 1切れ

サラダ油
　… 大さじ2

片栗粉 … 適量

A ▸▸ 混ぜる

しょうゆ
　… 小さじ1

塩 … 小さじ1/3

酒 … 小さじ1

にんにく
（すりおろし）
　… 小さじ1/4

ごま油
　… 小さじ1

しょうが
（すりおろし）
　… 小さじ1/4

Step 1 下味をつける

> ボウルに鶏肉と**A**を入れ、30秒ほどよくもむ。

> 鶏肉の汁気を切り、全体に片栗粉をまぶす。

Step 2 揚げ焼きにする

> フライパンにサラダ油をひき、皮がある面を下にして鶏肉を入れて**中火**にかけ、2分焼く。

> 焼き目がついたらひっくり返し、**弱火**で5分焼く。

Step 3 器に盛る

> 火の通りを確認する。から揚げに竹串をさしてから箸で強く押し、透明な肉汁が出てくればOK。ベビーリーフとレモンをのせた器に盛る。

Point

箸で押したときに、肉汁に赤いものが混じっている場合は、ラップをかけずにレンジで1〜2分ほど加熱すれば火が通ります。

肉のおかず

マヨネーズでフライ衣が簡単に作れます

チキンカツ

材料 (1人分)

鶏むね肉(そぎ切りにする)… 1/2枚
キャベツ(千切りにする)… 適量
トマト(くし切りにする)… 2切れ

A

マヨネーズ
… 大さじ1

酒 … 大さじ1/2

塩・こしょう … 各少々

パン粉 … 適量

サラダ油 … 適量
(フライパンに2cmほど)

ソース … 適量

Step 1　下準備をする

> 鶏肉にフォークで穴を開ける。

> ボウルに**A**を入れて混ぜる。

Step 2　衣をつける

> ボウルに鶏肉を入れ、1分ほどよくもむ。

> 全体にパン粉をまぶす。

Step 3　揚げる

> フライパンに2cmほどのサラダ油と鶏肉を入れ**中火**にかけ、2分揚げ焼きにする。

> 衣に色がついたらひっくり返し、**弱火**で4分揚げ焼きにする。器にキャベツとトマトとともに盛り、ソースをかける。

フライパン

牛肉と長ねぎのだしを豆腐に染み込ませます

肉豆腐

材料 (1人分)

牛切り落とし肉 … 100g
長ねぎ (斜め薄切り) … 1/2本
木綿豆腐 (4等分に切る) … 1/2丁

サラダ油
… 小さじ1

七味唐辛子 … 適宜

A ▶▶ 混ぜる

水 … 100㎖

砂糖 … 大さじ1

しょうゆ
… 大さじ1と1/2

顆粒和風だし
… 小さじ1/3

みりん
… 大さじ1

焼く

▷ フライパンにサラダ油を入れ**中火**で熱し、牛肉と長ねぎを焼く。

肉のおかず

\アレンジ/

ほかのお肉で作る

一口大に切った鶏もも肉や豚ばら肉で作ってもおいしく、値段も抑えられます。

煮る

▷ 牛肉の色が変わってきたら、**A**を注ぎ、豆腐を加える。

▷ アクが出てきたら取りのぞき、**弱めの中火**で5分ほど煮る。

器に盛る

▷ 器に盛り、好みで七味唐辛子をふる。

\アレンジ/

卵とじや肉うどんに

溶き卵を加えて煮ると、すき焼き風の卵とじになります。水、めんつゆ、うどんをプラスして肉うどんにするのもおすすめ。

調味料をよく混ぜるのが焦げないポイント

ポークチャップ

材料 (1人分)

豚こま切れ肉（一口大に切る）… 100g
玉ねぎ（繊維を断ち切るように1cm幅に切る）
　… 1/4個
ピーマン（縦方向に細切りにする）… 1個

サラダ油
　… 小さじ2

酒 … 小さじ2

小麦粉
　… 小さじ1

塩・こしょう … 各少々

A ▸▸ 混ぜる

ケチャップ
　… 大さじ1と1/2

しょうゆ
　… 小さじ1/2

下準備をする

> 豚肉に塩・こしょうをふり、小麦粉を薄くまぶす。

Point

豚肉に小麦粉をまぶすことで、うまみを閉じ込めてパサつきを防ぐとともに、タレをからみやすくします。

肉のおかず

焼く

> フライパンにサラダ油を入れ**中火**で熱し、豚肉を焼く。

> 豚肉の色が変わったら、玉ねぎとピーマンを加えて炒め合わせる。

味を調える

> 酒をふって**弱火**にし、**A**を加えて炒め合わせ、器に盛る。

Point

調味料は焦げやすいため、あらかじめ先にしっかり混ぜ合わせておきましょう。

電子レンジ

電子レンジで簡単＆ヘルシーに作れます

ミニトマトの肉巻き

材料 （1人分）

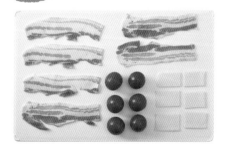

貝割れ菜 … 適量

ポン酢しょうゆ … 適量

塩・こしょう … 各少々

豚ばら薄切り肉（長さを半分に切る）… 3枚
ミニトマト … 6個
スライスチーズ（6等分に切る）… 1枚

48

下準備をする

▶ 豚肉に塩・こしょうをする。

\アレンジ/

豚ロース肉でヘルシーに

豚ばら肉で作るとジューシーな仕上がりですが、豚ロース肉にすると脂があっさりめなのでヘルシーになります。

巻く

▶ 豚肉にチーズとミニトマトをのせる。

▶ 豚肉を端から巻く。

加熱する

▶ 耐熱皿に巻き終わりを下にして豚肉を並べる。ふんわりとラップをかけ、電子レンジで3分加熱する。貝割れ菜を添えた器に盛り、ポン酢をかける。

\アレンジ/

大葉もいっしょに巻く

半分に切った大葉もはさんで巻くと、さわやかな味わいに。最後にかけるのは、ポン酢の代わりにごまダレもおすすめです。

肉のおかず

49

フライパン

むね肉の水分を小麦粉で閉じ込めます

鶏肉と豆苗の クリーム煮

材料 （1人分）

鶏むね肉（そぎ切りにする）… 1/2枚（150g）
豆苗（長さを半分に切る）… 1/2パック（75g）

小麦粉
… 大さじ1

サラダ油
… 小さじ2

酒 … 大さじ1

塩・こしょう … 各少々

A ▸▸ 混ぜる

牛乳 … 150㎖

顆粒コンソメ
… 大さじ1

下準備をする

≫ 鶏肉に塩・こしょうをふる。

≫ 鶏肉全体に小麦粉をまぶし、余分な粉をはたいて落とす。

焼く

≫ フライパンにサラダ油を入れ**中火**で熱し、鶏肉を焼く。

≫ 焼き色がついたら裏返し、酒をふる。

煮る

≫ **A**を加えて**弱めの中火**で5分煮る。

≫ 豆苗を加えて混ぜ、ひと煮たちさせ、器に盛る。

肉のおかず

電子レンジ

焼肉のタレを使うことでうまみがアップ！

麻婆豆腐

材料 （1人分）

木綿豆腐 … 1/2丁
豚ひき肉 … 100g

 万能ねぎ（小口切りにする）… 適量

A

 焼肉のタレ（中辛）
… 大さじ2

 ごま油
… 小さじ1/2

 水 … 大さじ1

 豆板醤
… 小さじ1/3

 片栗粉
… 小さじ1/2

 しょうが
（すりおろし）
… 小さじ1/3

塩・こしょう … 各少々

下準備をする

▷ 豆腐はキッチンペーパーで包み、電子レンジで1分30秒加熱して水切りをする。

混ぜる

▷ 耐熱ボウルに豚肉とAを入れてよく混ぜる。

▷ その上に手で食べやすい大きさにちぎった豆腐をのせる。

加熱する

▷ ふんわりとラップをかけ、電子レンジで5分加熱する。

▷ よく混ぜる。器に盛り、万能ねぎをのせる。

フライパン

ポン酢を使えば簡単に味が決まります

酢豚

材料 （1人分）

豚厚切りロース肉（一口大に切る）… 1枚（100g）
玉ねぎ（2cm角に切る）… 1/4個
ピーマン（2cm角に切る）… 1個
しいたけ（4等分に切る）… 2個

サラダ油
… 大さじ1

酒 … 大さじ1

片栗粉 … 適量

A ▸▸ 混ぜる

ポン酢しょうゆ
… 大さじ1

ケチャップ
… 大さじ1

砂糖
… 大さじ1/2

54

Step 1　焼く

》 豚肉は全体に片栗粉をまぶし、余分な粉をはたいて落とす。

》 フライパンにサラダ油を入れ**中火**で熱し、豚肉を加えて焼く。

Step 2　炒め合わせる

》 豚肉の両面に焼き色がついたら、玉ねぎ、ピーマン、しいたけを加えて炒め合わせ、酒をふる。

Step 3　とろみをつける

》 野菜に火が通ったら**弱火**にし、**A**を加え、とろみがつくまで1分ほど混ぜ合わせる。器に盛る。

＼アレンジ／

お肉を鶏肉にチェンジ

豚肉の代わりに鶏むね肉を使っても楽しめるレシピです。その場合には、火が通りやすいよう、なるべく薄くそぎ切りにしましょう。

電子レンジ

粗熱を取ってから裂くと、ささみがパサつきません

バンバンジー風サラダ

材料 （1人分）

鶏ささみ（スジを取る）… 2本
トマト（くし切りにする）… 1/2個
きゅうり（千切りにする）… 1/2本

 酒 … 大さじ1/2　　塩 … ひとつまみ

A ▸▸ 混ぜる

 白すりごま
　… 大さじ1

 酢 … 小さじ1/2

 マヨネーズ
　… 小さじ1

砂糖
　… 小さじ1/2

しょうゆ
　… 小さじ1

 ごま油
　… 小さじ1/2

Step 1

下準備をする

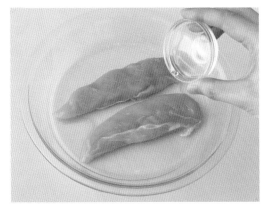

> 耐熱皿に鶏肉を並べ、酒と塩をふる。

Point

脂肪分が少ないささみは、加熱調理で身がかたくなってしまうことも。酒には、かたくなるのを防ぐ効果があるので、必ずふるようにしましょう。

Step 2

加熱する

> ふんわりとラップをかけ、電子レンジで3分加熱し、粗熱が取れるまでおいておく。

Step 3

器に盛る

> 鶏肉を手で裂き、トマト、きゅうりとともに器に盛り、**A**をかける。

Point

加熱してすぐに鶏肉を裂くと、水分が飛んでしまってパサパサに。少しおいて粗熱を取りましょう。

電子レンジ

水なしで作るので味がしっかり染み込みます

肉じゃが

材料 （1人分）

豚ばら肉（3cm長さに切る）… 60g
じゃがいも（一口大に切って水にさらす）… 1個
にんじん（乱切りにする）… 1/4本
玉ねぎ（1cm幅のくし切りにする）… 1/4個

A ▸▸ 混ぜる

 砂糖 … 大さじ1

 みりん … 大さじ1/2

 酒 … 大さじ1

 顆粒和風だし … 小さじ1/2

 しょうゆ … 大さじ1

ボウルに入れる

▶ 耐熱ボウルに豚肉をなるべく重ならないように並べ、じゃがいも、にんじん、玉ねぎを入れる。

加熱する

▶ Aを加え、ふんわりとラップをかけて電子レンジで5分加熱する。

混ぜ合わせ、加熱する

▶ 取り出してひと混ぜし、ラップをかけ直してもう2分加熱する。粗熱が取れたら器に盛る。

\アレンジ/

トマトやチーズで洋風に

じゃがいもの食感が劣化するので残っても冷凍は厳禁！　トマト缶＋塩・こしょうでトマト煮込み風に、粉チーズ＋卵でスペイン風オムレツにするなど、味を変えて食べ切りましょう。

肉のおかず

切り込みを入れて味を染み込みやすく

手羽中の照り焼き

材料 （1人分）

手羽中 … 4本
大葉 … 2枚

片栗粉
… 小さじ1

ごま油
… 小さじ1

A ▸▸ 混ぜる

しょうゆ
… 小さじ2

砂糖 … 小さじ1

酒 … 小さじ2

白ごま
… 小さじ1

みりん
… 小さじ2

下準備をする

> 鶏肉は骨に沿ってキッチンばさみで切り込みを入れる。

> 全体に片栗粉をまぶし、余分な粉をはたいて落とす。

焼く

> フライパンにごま油を入れ**中火**で熱し、鶏肉を皮がある面を下にして入れて焼く。焼き色がついたらひっくり返す。

> フタをして**弱火**で2分焼く。

煮からめる

> フライパンの余分な油を折りたたんだキッチンペーパーでふき取る。

> **A**を加えて煮からめる。大葉をしいた器に盛る。

肉のおかず

フライパン

キムチの香りが飛ばないようにさっと炒めて

豚キムチ

Point

キムチの辛みや酸味が強い場合は、**A**のあとにとろけるチーズを加えてさっと炒めると辛みがやわらぎコクがアップ！

材料 （1人分）

豚ばら薄切り肉（一口大に切る）… 100g
長ねぎ（みじん切りにする）… 1/4本
キムチ（一口大に切る）… 100g

ごま油
　　… 大さじ1/2

白いりごま … 適量

A ▸▸ 混ぜる

砂糖
　… 大さじ1/2

しょうゆ
　… 小さじ1

Step 1 炒める

▸ フライパンにごま油を入れ**中火**で熱し、豚肉と長ねぎを入れて炒める。

Step 2 炒め合わせる

▸ 豚肉の色が変わってきたら、キムチを加えて混ぜながらさっと炒め合わせる。

Step 3 味を調える

▸ **A**を加えて炒め、味を調える。器に盛り、白いりごまをふる。

魚介の
おかず

自炊ビギナーさんには難しそうな魚介のおかずですが、
シンプルな作り方で料理に不慣れな人でも
チャレンジしやすいレシピばかりです。

フライパン

フライパンに入れたら触れないのがコツ

サケのムニエル

材料 （1人分）

サケの切り身 … 1切れ
サニーレタス … 適量
ミニトマト（縦半分に切る）… 1個

 サラダ油
　　　… 小さじ2/3

 バター … 10g

 しょうゆ
　　　… 大さじ1

塩 … 少々
小麦粉 … 適量

Step 1 下準備をする

▶ サケは両面に塩をふって5分ほどおき、キッチンペーパーで水気をふく。

▶ サケの全体に小麦粉をまぶし、余分な粉をはたいて落とす。

Step 2 焼く

▶ フライパンにサラダ油を入れ**中火**で熱し、買ったときに見えていた面を下にしてサケを入れ、**弱めの中火**で焼く。

▶ 焼き色がついたらフライ返しでサケを裏返して2〜3分焼き、ちぎったレタス、ミニトマトとともに器に盛る。

Step 3 ソースを作る

▶ キッチンペーパーでフライパンに残った油をふき取る。バターを入れて**中火**で溶かし、しょうゆを加えて混ぜ合わせる。

▶ ソースをサケにかける。

魚介のおかず

65

フライパン

余分な油と脂を取れば、タレがよくからみます

ブリの照り焼き

材料 (1人分)

ブリの切り身 … 1切れ
しし唐(竹串などで数か所穴を開ける)… 2本

サラダ油
… 小さじ1

塩 … 少々

A ▸▸ 混ぜる

しょうゆ
… 大さじ1

みりん
… 大さじ1

酒 … 大さじ1

砂糖
… 大さじ1/2

下準備をする

▶ ブリは両面に塩をふって3分ほどおき、浮き出た水気をキッチンペーパーでふき取る。

Point

塩をふってから水気を取ることで、魚の生臭さを取りのぞくことができます。

焼く

▶ フライパンにサラダ油を入れ**中火**で熱し、買ったときに見えていた面を下にしてブリを入れ、しし唐も加えて2分焼く。

▶ しし唐を取り出してブリを裏返し、**弱めの中火**で2分ほど焼く。

煮からめる

▶ 一度火を止め、フライパンの余分なサラダ油とブリの脂を折りたたんだキッチンペーパーでふき取る。

▶ **A**を加えて**中火**で熱して煮からめ、器にしし唐とともに盛る。

魚介のおかず

67

電子レンジ

加熱時間を調節してプリプリの食感に

エビチリ

材料 （1人分）

むきエビ … 150g
長ねぎ（みじん切り）… 5cm
にんにく（みじん切り）… 1/2片
しょうが（みじん切り）… 1/2片

塩・こしょう … 各少々

A ▸▸ 混ぜる

 ケチャップ
… 大さじ1と1/2

 ごま油
… 小さじ1

 砂糖
… 大さじ1と1/2

 片栗粉
… 小さじ1

酒 … 大さじ1と1/2

 顆粒鶏がらスープ
… 小さじ1/4

 水 … 大さじ1と1/2

Step 1

下準備をする

▶ エビは背ワタがあれば取り、塩・こしょうをふって全体を軽くもむ。

Point

エビの背にある黒いスジが背ワタです。苦みを感じることもあるので取りましょう。詳しい方法は、145ページをチェックしてね。

Step 2

混ぜ合わせる

▶ 耐熱ボウルにエビ、長ねぎ、にんにく、しょうがと**A**を入れてよく混ぜ、ふんわりとラップをかける。

＼アレンジ／

もっと辛くしたいときは

Aに豆板醤小さじ1/4を加えると、より本格的な辛みのある味わいになります。

Step 3

加熱する

▶ 電子レンジで2分加熱して取り出し、ひと混ぜする。ラップをかけ直してもう1分加熱する。粗熱が取れたら器に盛る。

フライパン

風味や水分が逃げないよう、ホイルはしっかり包んで

サケのホイル蒸し

材料（1人分）

バター … 5g

酒 … 小さじ2

水 … 大さじ4
サラダ油 … 適量
しょうゆ … 適量

甘塩のサケの切り身 … 1切れ
玉ねぎ（薄切りにする）… 1/4個
しめじ（根元を切ってほぐす）… 1/6株
レモン（輪切りにする）… 1枚

ホイルにのせる

▶ 30cmの長さに切ったアルミホイルの手前半分に、折りたたんだキッチンペーパーでまんべんなくサラダ油をぬる。

▶ 油をぬった手前半分に玉ねぎ、サケ、しめじの順にのせ、酒をまわしかけてその上にバターをのせる。

蒸す

▶ アルミホイルを手前に折りたたみ、手前と左右を折りこんで周りをとじる。

▶ フライパンにのせ、水を入れる。フタをして**中火**で7～8分蒸す。

器に盛る

▶ 器に盛ってアルミホイルを広げ、レモンを添えてしょうゆをかける。

＼アレンジ／

他の野菜やきのこを合わせる

玉ねぎとしめじのほか、キャベツ、
白菜、もやし、にんじん、えのき、
エリンギなどで作ってもGOOD。

電子レンジ

サバの味噌煮

材料 （1人分）

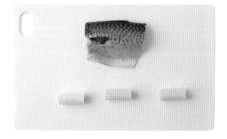

サバの切り身（十字に切り込みを入れる）… 1切れ
長ねぎ（3等分に切る）… 1/3本

塩 … 少々

A ▸▸ 混ぜる

 酒 … 大さじ2　　 **砂糖** … 大さじ1

 味噌 … 大さじ1

Step 1 下準備をする

▶ サバは両面に塩をふって5分ほどおき、浮き出た水気をキッチンペーパーでふき取る。

Point
塩をふっておいておくと、水分が出てきます。それを取りのぞくことで魚の生臭さを減らすことができます。

Step 2 加熱する

▶ 耐熱皿にサバと長ねぎをのせ、Aをかける。

▶ ふんわりとラップをかけ、電子レンジで3分加熱する。

Step 3 味を染み込ませる

▶ 粗熱が取れるまでそのままおき、余熱で味を染み込ませてから器に盛る。

＼アレンジ／
サケやブリで作る
味噌煮といえばサバというイメージが強いですが、サバが手に入りにくい時期にはサケやブリで作っても楽しめます。

電子レンジ

電子レンジで手軽に本格的な味わい

シーフードの アヒージョ

材料 （1人分）

冷凍シーフードミックス … 100g
しめじ（根元を切ってほぐす）… 1/4株

パセリ
（みじん切りにする）
… 適量

バゲット … 適量

A ▸▸ 混ぜる

オリーブオイル
… 大さじ2

にんにく
（みじん切りにする）
… 1/2片

塩 … 小さじ1/4

赤唐辛子
（小口切りにする）
… 少々

Step 1 下準備をする

▶ 耐熱ボウルにシーフードミックスを入れ、ラップをかけ電子レンジで1分30秒加熱する。

▶ ザルにあげ、軽く水気を切る。

Step 2 器に入れる

▶ 耐熱容器にシーフードミックスとしめじを入れ、**A**をかける。

Point

オリーブオイルは、冷えると固まってしまうので冷蔵庫での保存はNG。常温に置いて3か月程度で使い切りましょう。

Step 3 加熱する

▶ ふんわりとラップをかけ、電子レンジで4分加熱する。パセリを散らし、バゲットを添える。

＼アレンジ／

きのこ類を組み合わせて

しめじ以外にも、エリンギ、えのき、マッシュルーム、まいたけなど、きのこ類なら何でも合います。アスパラやブロッコリーもおすすめです。

フライパン

揚げたらすぐにタレに漬けるのがポイント

タラの南蛮漬け

材料 （1人分）

タラの切り身（一口大に切る）… 1切れ
長ねぎ（縦半分に切って斜め薄切りにする）
　… 1/4本
にんじん（千切りにする）… 1/8本（約20g）

 サラダ油
… 大さじ2

片栗粉 … 適量

A

 しょうゆ
… 大さじ1

 酢 … 大さじ1

 砂糖 … 大さじ1

 顆粒和風だし
… ひとつまみ

混ぜる

▶ ボウルに長ねぎ、にんじん、Aを入れてよく
混ぜ合わせ、漬けダレを作る。

揚げ焼きにする

▶ タラの全体に片栗粉をまぶし、余分な粉を
はたいて落とす。フライパンにサラダ油を入
れ**中火**で熱し、表面がカリッとするまで両面
揚げ焼きにする。

タレに漬ける

▶ 揚げたタラを漬けダレに加えてひと混ぜし、
味をなじませる。タレごと器に盛る。

Point

揚げたての熱いうちにタレ
に漬けることで、味がしっか
りと染みやすくなります。漬
ける時間は2〜3分でOK。

アサリの殻が開くまではじっとガマンして

アサリの
バター蒸し

材料 (1人分)

アサリ
（砂出し済みのもの）
… 150g

万能ねぎ
（小口切りにする）
… 適量

酒 … 大さじ1と1/2

バター … 10g

しょうゆ
… 小さじ1

Step 1

下準備をする

▶ 砂出ししたアサリは殻をこすり合わせて水で洗い、ザルにあげて水気を切る。

Step 2

蒸す

▶ フライパンにアサリを並べ入れ、酒とバターを加える。フタをして**中火**にかけ、殻が開くまで蒸す。

Step 3

味を調える

▶ 殻が開いたら、しょうゆを加えて味を調える。器に盛り、万能ねぎを散らす。

野菜の
おかず

自炊は、外食では不足しがちな野菜をとれるのも◎。
蒸したり炒めたりして加熱することで
野菜がたっぷりの食べごたえのある一品になります。

フライパン

蒸し焼きで彩りをあざやかに仕上げます

野菜炒め

材料 (1人分)

豚こま切り落とし肉 … 80g
キャベツ(一口大に切る) … 1/6個(150g)
にんじん(短冊切りにする) … 1/4本(40g)
ピーマン(乱切りにする) … 1個

サラダ油
　… 大さじ1/2

酒 … 大さじ1

顆粒鶏がらスープ
　… 小さじ2/3

しょうゆ
　… 小さじ1/2

炒める

▶ フライパンにサラダ油を入れ**中火**で熱し、豚肉を入れて炒める。

▶ 豚肉の色が変わり軽く火が通ったら、キャベツ、にんじん、ピーマンを加え、ひと混ぜする。

野菜のおかず

蒸し焼きにする

▶ 酒を加えてフタをし、**中火**のまま1分蒸し焼きにする。

Point

フタをしたら1分間は開けず、フライパンをゆすらずにじっと待ちましょう。

味を調える

▶ 上下を返してひと混ぜし、顆粒鶏がらスープ、しょうゆで味を調えて器に盛る。

\アレンジ/

調味料をプラス

最後にカレー粉や黒こしょう、乾燥バジルなどを加えると、味のアクセントになります。

フライパン

食材を薄く切って火の通りを早くします

細切り
ジャーマンポテト

材料 （1人分）

じゃがいも … 1個
玉ねぎ（薄切りにする）… 1/8個
ソーセージ（斜め薄切りにする）… 2本

サラダ油
… 大さじ1/2

顆粒コンソメ
… 小さじ2/3

パセリ（みじん切りにする）
… 適量

下準備をする

Point

じゃがいもの芽は、ピーラーの
刃の横にある突起やくぼみで
取ってもOK。掘るようにして取
りのぞきましょう。

» じゃがいもはよく洗って泥を落とし、包丁の
刃元で芽を取りのぞく。

じゃがいもを切る

» 皮つきのまま4mm厚さの細切りにする。

» さっと水で洗い、キッチンペーパーで水気を
ふき取る。

炒める

» フライパンにサラダ油を入れ**中火**で熱し、じゃ
がいも、玉ねぎ、ソーセージを加えて炒める。じ
ゃがいもが透き通ってきたら、顆粒コンソメを加え
て味を調える。器に盛り、パセリを散らす。

野菜のおかず

電子レンジ

サイズをそろえて切るのがポイントです

夏野菜の
チーズ蒸し

材料（1人分）

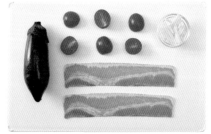

なす … 1本
ミニトマト（縦半分に切る）… 3個
ベーコン … 2枚
ピザ用チーズ … 10g

パセリ（みじん切りにする）
… 適量

ポン酢しょうゆ … 適量

下準備をする

▶ なすは縦半分に切ってから、斜め薄切りにする。水にさらしてアクを抜く。

▶ ベーコンをなすの幅に合わせて切る。

容器に並べる

▶ 耐熱容器になすとベーコンを少し重なるようにして交互に並べる。

▶ 並べた上からミニトマトとチーズを散らす。

加熱する

▶ ふんわりとラップをかけ、電子レンジで4分加熱する。パセリを散らし、ポン酢をかける。

野菜のおかず

\アレンジ/

豚ばら肉や鶏むね肉にチェンジ

ベーコンは、豚ばら薄切り肉や薄切りにした鶏むね肉にしても◎。なすの代わりに、ズッキーニやインゲンでもOKです。

電子レンジ

もやしの水分でしっとりと蒸します

もやしと豚肉のレンジ蒸し

材料 （1人分）

豚ばら薄切り肉（5cm長さに切る）… 80g
万能ねぎ（2cm長さに切る）… 3本

もやし（洗って水気を切る）
… 1袋（200g）

ごま油
… 小さじ1

塩・こしょう … 各適量
ポン酢しょうゆ … 適量

Step 1 皿にのせる

▶ 耐熱皿にもやしと万能ねぎをのせる。

▶ その上に豚肉を重ならないように広げてのせる。

Step 2 味つけをする

▶ 塩・こしょうを全体にふり、ごま油をまわしかける。

Point
ごま油といっしょに加熱することで、ごま油のコクと香りが楽しめます。

Step 3 加熱する

▶ ふんわりとラップをかけ、電子レンジで5分加熱する。

▶ 上下を返すように混ぜて器に盛り、ポン酢をかける。

加熱し終えたら、味が染みるのを待つだけ

かぼちゃの煮物

材料 （1人分）

かぼちゃ（タネとワタを取って一口大に切る）
　… 1/4個（約200g）

A ▸▸ 混ぜる

 水 … 100㎖

 みりん
　　… 大さじ1

 しょうゆ
　　… 大さじ1

 砂糖
　　… 小さじ1

Step 1
ボウルに入れる

❯ 耐熱ボウルにかぼちゃを入れ、**A**をまんべんなく注ぐ。

Point

かぼちゃがかたくて切りづらいときは、タネとワタを取ってからラップで包み、レンジで1〜2分加熱を。丸ごとのかぼちゃを切る場合には、そのままラップに包んで加熱します。

Step 2
加熱する

❯ ふんわりとラップをかけ、電子レンジで7分加熱する。

Step 3
味を染み込ませる

❯ 粗熱が取れるまでそのままおいて味を染み込ませ、器に盛る。

＼アレンジ／

かぼちゃサラダに早変わり

かぼちゃをつぶして適量のマヨネーズと粗びき黒こしょうを加えてよく混ぜれば、かぼちゃサラダに。お好みでハムや炒めたベーコンを加えても◎。

電子レンジ

彩りあざやかな野菜がたっぷりとれます

ラタトゥイユ

材料 （2人分）

トマト（2cm角に切る）… 1個
なす（2cm角に切る）… 1本
かぼちゃ（2cm角に切る）… 100g
玉ねぎ（2cm角に切る）… 1/2個
バジル（葉）… 適量

A

オリーブオイル
　… 大さじ1と1/2

にんにく
（すりおろし）
　… 小さじ1/3

塩 … 小さじ1/2

混ぜる

▶ 耐熱ボウルにトマト、なす、かぼちゃ、玉ねぎとAを入れて混ぜる。

Point

トマトやかぼちゃなどの野菜は、同じ大きさになるよう切りそろえましょう。加熱ムラが防げます。

野菜のおかず

加熱する

▶ ふんわりとラップをかけ、電子レンジで5分加熱する。

▶ 取り出してひと混ぜし、ラップをかけずにもう2分加熱する。

器に盛る

▶ 手でちぎったバジルを加えてひと混ぜし、器に盛る。

Point

冷蔵保存で5日間ほど日持ちがします。常備菜にもぴったりなので、まとめて作って保存しておきましょう。

91

材料を混ぜたら、あとはレンジにお任せ

根菜とちくわの煮物

材料（1人分）

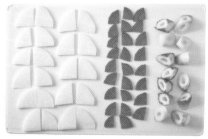

だいこん（皮を厚くむき、いちょう切りにする）
… 100g
にんじん（いちょう切りにする）… 30g
ちくわ（乱切りにする）… 2本

A ‣‣ 混ぜる

白だし
… 大さじ1
水 … 150mℓ

ボウルに入れる

▶ 耐熱ボウルに、だいこん、にんじん、ちくわと Aを入れる。

▶ ふんわりとラップをかける。

加熱する

▶ 電子レンジで7分加熱する。粗熱が取れるまでそのままおいて味を染み込ませ、器に盛る。

＼アレンジ／

バリエーションいろいろ

野菜を薄切りにしたレンコンやごぼう、きのこにしたり、ちくわの代わりにさつまあげにしても。

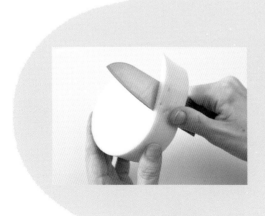

Point

だいこんは皮を厚くむくことで、味が染み込みやすくなり、食感もよくなります。だいこんの分量は、皮をむいた状態で100gです。

葉を最後に入れて火の通りを均一にします

小松菜としめじの煮びたし

材料 （1人分）

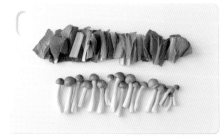

小松菜（4cm長さに切る）… 1/2束（100g）
しめじ（根元を切ってほぐす）… 1/3株

A ▸▸ 混ぜる

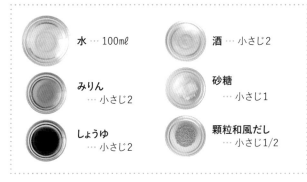

水 … 100mℓ

酒 … 小さじ2

みりん … 小さじ2

砂糖 … 小さじ1

しょうゆ … 小さじ2

顆粒和風だし … 小さじ1/2

Step 1 煮汁を作る

▶ 鍋に **A** を入れて **中火** にかける。

Step 2 煮る

▶ 煮立ったら、小松菜の軸としめじを加え、**中火** のまま1〜2分ほど煮る。

▶ 葉先も加えて軽く混ぜ、ひと煮する。

Step 3 器に盛る

▶ 煮汁ごと器に盛る。

\ アレンジ /

甘辛の卵とじに

フライパンに煮びたしと砂糖小さじ1〜2を入れ、ひと煮立ちさせます。そこに溶き卵をまわし入れて卵とじにしましょう。甘辛い味にごはんがすすみます。

野菜のおかず

土鍋

ごはんと卵で雑炊にするのもおすすめ

キャベツと ミニトマトの鶏鍋

材料 （1人分）

鶏もも肉（4等分に切る）… 1/2枚
キャベツ（一口大に切る）… 1/8個
ミニトマト … 4個
油揚げ（横半分に切って2cm幅に切る）… 1/2枚

A

酒 … 大さじ1

顆粒鶏がら
スープの素
… 小さじ2

塩 … ひとつまみ

にんにく
（縦に薄切りにする）
… 1/2片

水 … 300ml

〈雑炊〉

ごはん … 適量
卵（割りほぐす）… 1個

万能ねぎ（小口切りにする）… 適量
塩 … 適量

Step 1 煮る

▶ 土鍋にＡを入れて混ぜ、鶏肉を入れて**中火**にかける。

▶ 沸騰したらアクを取る。

Step 2 具材を加える

▶ キャベツ、油揚げ、ミニトマトを加えて3〜4分ほど煮る。

\ アレンジ /

野菜をたっぷり入れる

白菜、水菜、もやし、長ねぎ、にんじん、だいこんなどなど、いろいろな野菜にアレンジできます。油揚げの代わりに豆腐にしても。

Step 3 雑炊にする

▶ 具材を食べ終わったスープにごはんを入れて**中火**にかけ、溶き卵でとじる。

▶ 器に盛り、万能ねぎを散らして塩で味を調える。

フライパン

ツナの缶汁が油と調味料の役になります

にんじんとツナの炒めもの

材料 （1人分）

にんじん（千切りにする）… 1/2本
ツナ（缶汁ごと）… 1/2缶
白だし … 大さじ1/2
白いりごま … 適量

\アレンジ/

ツナと相性のよい野菜を

にんじんのほか、小松菜、キャベツ、アスパラ、いんげんもおすすめ。手軽に野菜をとりたいときに活躍するレシピです。

Step 1

炒める

▶ フライパンを**中火**で熱し、にんじんとツナを缶汁ごと加えて炒める。

Step 2

味を調える

▶ にんじんがしんなりとしてきたら、白だしを加えて味を調える。

Step 3

器に盛る

▶ 器に盛り、白いりごまをふる。

米・麺・パン

オムライスにカレー、ナポリタン、焼きそばなど
ひと皿メニューは、自炊初心者の強い味方です。
忙しい日にもパパッと簡単に作れます。

 電子レンジ　 フライパン

ケチャップライスは電子レンジにお任せ！

オムライス

材料 （1人分）

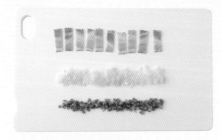

ベーコン（1cm幅に切る）… 1枚
玉ねぎ（みじん切りにする）… 1/8個
ピーマン（みじん切りにする）… 1/2個

 ごはん
　… 茶碗1杯分
　　（約150g）

 ケチャップ
　… 大さじ2

 顆粒コンソメ
　… 小さじ1/2

 バター
　（5gずつ分けておく）
　　… 10g

塩・こしょう … 各少々

A ▸▸ 混ぜる

 卵 … 2個

 牛乳
　… 大さじ1

Step 1　混ぜて加熱する

» 耐熱ボウルにごはん、ベーコン、玉ねぎ、ピーマン、ケチャップ、顆粒コンソメ、塩・こしょうを入れ、よく混ぜる。

» 半量のバターを上にのせ、ふんわりとラップをかけて電子レンジで3分加熱し、よく混ぜる。

Step 2　卵を焼く

» フライパンに残りのバターを入れ**中火**で熱し、バターが溶けたら**A**を一気に流し込む。

» 卵が固まらないうちに木べらで全体をゆっくり混ぜ、半熟になってきたら火を止める。

Step 3　器に盛る

» 器にケチャップライスを盛り、上から卵をのせ、ケチャップ（分量外）をかける。

電子レンジ

火が通りやすいように薄切り肉を使います

ポークカレー

材料 （1人分）

豚ばら薄切り肉（3cm長さに切る）
… 100g
玉ねぎ（繊維を断ち切って薄切りにする）
… 1/2個
ごはん … 茶碗大盛り1杯分（約200g）
パセリ（みじん切りにする）… 適量

A ▸▸ 混ぜる

　カレールー（粗く刻む）
　　… 30g
　中濃ソース … 小さじ2/3
　水 … 150ml

 Step 1

加熱する

≫ 耐熱ボウルに豚肉と玉ねぎを入れ、**A**をかける。ふんわりとラップをかけ、電子レンジで5分加熱する。

 Step 2

混ぜ合わせる

≫ ボウルを取り出してひと混ぜし、ラップをふんわりとかけ直して2分加熱する。

 Step 3

器に盛る

≫ 器にごはんを盛り、Step 2のルーをかけ、パセリを散らす。

フライパン

バジルは炒める直前にちぎって香りを出して

ガパオ

米・麺・パン

材料 （1人分）

鶏ひき肉（豚ひき肉でも）… 100g
玉ねぎ（1cm角に切る）… 1/8個
パプリカ（1cm角に切る）… 1/4個
バジル（葉）… 4〜5枚
サラダ油 … 大さじ1
にんにく（みじん切りにする）… 1/2片
赤唐辛子（小口切りにする）… 1本
ごはん … 茶碗1杯分（約150g）
卵（目玉焼き用）… 1個

A ▸▸ 混ぜる

オイスターソース
　　… 大さじ1/2
しょうゆ … 大さじ1/2
砂糖 … 大さじ1/2
酒 … 大さじ1/2

Step 1

炒める

≫ フライパンにサラダ油、にんにく、赤唐辛子を入れ**中火**で熱し、香りが出たら鶏肉、玉ねぎ、パプリカを加えて炒める。

Step 2

味を調える

≫ 鶏肉の色が変わってきたらAを入れる。バジルを手でちぎって加えてひと混ぜし、火を止める。

Step 3

器に盛る

≫ 器にごはんを盛り、Step 2の具材をかけ、目玉焼き（22ページ参照）を作ってのせる。

103

電子レンジ

炒めなくてもふっくらと仕上がります

卵チャーハン

材料 （1人分）

ごはん … 茶碗1杯分（約150g）
長ねぎ（みじん切りにする）… 5cm
カニカマ（1cm長さに切る）… 3本
卵（割りほぐす）… 1個
塩・こしょう … 各少々
白いりごま … 適量

A

　顆粒鶏がらスープ
　　… 小さじ1/2
　しょうゆ … 小さじ1/2
　ごま油 … 小さじ1/2

Step 1

混ぜる

》 耐熱ボウルにごはん、長ねぎ、カニカマ、溶き卵、**A**を入れ、よく混ぜる。

Step 2

加熱する

》 ふんわりとラップをかけ、電子レンジで3分加熱する。

Step 3

味を調える

》 塩・こしょうを加えて混ぜ合わせ、味を調える。器に盛り、白いりごまをふる。

フライパン

火を止めて、あせらず蒸らせばトロトロに

親子丼

材料 （1人分）

鶏もも肉（1.5cm角に切る）… 1/2枚
玉ねぎ（薄切りにする）… 1/4個
卵（割りほぐす）… 2個
ごはん… 茶碗大盛り1杯分（約200g）
万能ねぎ（小口切りにする）… 適量

A ▶▶ 混ぜる

水 … 大さじ5
しょうゆ … 大さじ1
みりん … 大さじ1
酒 … 大さじ1
砂糖 … 大さじ1/2
顆粒和風だし … 小さじ1/3

煮る

≫ フライパンに**A**と鶏肉、玉ねぎを入れ**中火**で熱し、沸騰したら**弱めの中火**にして4〜5分煮る。

卵でとじる

≫ 溶き卵をまわし入れ、全体がふつふつとしてきたら火を止め、フタをして2分蒸らす。

器に盛る

≫ 器にごはんを盛り、Step 2の具材をかけ、万能ねぎを散らす。

片手鍋

うまみが染み込んだごはんが絶品です

鶏と卵の キムチクッパ

鶏ひき肉 … 50g
万能ねぎ（3cm長さに切る）… 2本
キムチ（食べやすい大きさに切る）… 30g
溶き卵 … 1個

A

しょうゆ
… 小さじ1

酒 … 小さじ1

**顆粒
鶏がらスープ**
… 小さじ1

にんにく（すりおろし）
… 少々
水 … 300㎖

ごはん
… 茶碗1杯分
（約150g）

塩・こしょう … 各少々
白いりごま … 適量

Step 1　煮る

» 鍋に**A**を入れて混ぜ**中火**にかけ、沸騰したら鶏肉を入れ、アクを取る。

Point

アクを取ることで、風味がよくなり見た目もきれいに仕上がります。面倒がらずに取るようにしましょう。

Step 2　具材を加える

» 溶き卵をまわし入れる。

» キムチと万能ねぎを加えて1分煮る。塩・こしょうで味を調える。

Step 3　ごはんにかける

» 器に盛ったごはんの上から、スープごとかける。白いりごまをふる。

\アレンジ/

麺類にかける

ごはんの代わりに、ゆでたうどんやそうめんにかけても楽しめるレシピです。

米・麺・パン

107

電子レンジ

レンジでパスタも手軽にできちゃいます

ナポリタン

材料 （1人分）

ソーセージ（斜め薄切りにする）… 2本
玉ねぎ（薄切りにする）… 1/8個
ピーマン（細切りにする）… 1個
スパゲティ（ゆで時間5分のもの）… 100g

A

 ケチャップ
　　… 大さじ3

 顆粒コンソメ
　　… 小さじ1

 にんにく
　（すりおろし）
　　… 小さじ1/3

 バター … 10g

水 … 250mℓ
塩 … 少々

粉チーズ … 適量

Step 1 容器に入れる

» 耐熱容器にスパゲティを交差させて入れ、ソーセージ、玉ねぎ、ピーマンをのせる。

Point

スパゲティが入らないので、ボウルではなく四角いタイプの耐熱の保存容器を用いましょう。

Step 2 加熱する

» Aを加えて軽く混ぜ、フタやラップはせずに電子レンジで8分加熱する。

Point

加熱する時間は、スパゲティのゆで時間にプラス3分を目安に。ゆで時間7分のタイプなら加熱時間は10分にします。

Step 3 混ぜる

» ひと混ぜしてから器に盛り、粉チーズをかける。

米・麺・パン

フライパン

火が入りやすいソースは別の器でからめます

カルボナーラ

材料 （1人分）

スパゲティ(半分に折る)… 100g
ベーコン(2cm幅に切る)… 2枚
オリーブオイル … 小さじ2
にんにく(みじん切りにする)… 1/2片
黒こしょう(粗びき)… 適量

A

水 … 350ml
顆粒コンソメ … 小さじ1

B

卵黄 … 1個
粉チーズ … 大さじ2
牛乳 … 大さじ1

Step 1

炒める

≫ フライパンにオリーブオイルとにんにくを入れ**中火**で熱し、香りが出たらベーコンを加えて炒める。

Step 2

煮る

≫ **A**を加え**強火**にし、沸騰させる。スパゲティを加えてフタをし、**中火**にして袋の表示時間より1〜2分長く煮る。その間に大きめのボウルに**B**を入れて混ぜる。

Step 3

ソースにからめる

≫ フタを取り水分を飛ばしたら火を止める。**B**の入ったボウルにスパゲティを加えて素早くからめ、器に盛って黒こしょうをふる。

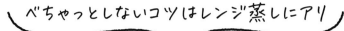

べちゃっとしないコツはレンジ蒸しにアリ

電子レンジ	フライパン

ソース焼きそば

米・麺・パン

材料 (1人分)

中華蒸し麺(焼きそば用袋麺)… 1玉
キャベツ(短冊切りにする)… 2枚
にんじん(短冊切りにする)… 1/4本
ソーセージ(斜め薄切りにする)… 2本
サラダ油 … 大さじ1
酒 … 大さじ1
塩・こしょう … 各少々
青のり … 適宜

A ▸▸ 混ぜる

中濃ソース … 大さじ1
しょうゆ … 大さじ1/2

麺をほぐす

>> 麺の袋を少し開け、そのまま電子レンジで1分加熱してほぐす。

炒める

>> フライパンにサラダ油を入れ**中火**で熱し、キャベツ、にんじん、ソーセージを炒める。

麺を加える

>> 野菜に軽く火が通ったら、麺を加えて酒を入れ、**A**を加えて炒め合わせる。塩・こしょうで味を調えて器に盛り、好みで青のりをふる。

土鍋

具材を入れたら、いじらずさわがず見守って

鍋焼きうどん

材料 （1人分）

ゆでうどん … 1玉
かまぼこ(薄切りにする) … 3枚
しいたけ(十字に切り込みを入れる)
　… 1枚
卵 … 1個
長ねぎ(青い部分を小口切りにする)
　… 適量
七味唐辛子 … 適量

A

水 … 250ml
めんつゆ(3倍濃縮)
　… 大さじ5

Step 1

煮る

≫ 土鍋に**A**とかまぼこ、しいたけを入れ**中火**にかける。

Step 2

うどんを加える

≫ 沸騰したら**弱火**にし、うどんを加えて2〜3分煮る。

Step 3

蒸らす

≫ 卵を中央に割り入れたら火を止め、フタをして2分蒸らす。長ねぎを散らし、七味唐辛子をふる。

電子レンジ

豆乳とごまの風味が食欲をそそります

冷やし豆乳ごまうどん

材料 （1人分）

冷凍うどん … 1玉
なす … 1本
水菜（3cm長さに切る）… 1/8束
ツナ（缶汁を切る）… 1/2缶
ラー油 … 適宜

A ▸▸ 混ぜる

豆乳 … 50㎖
めんつゆ（3倍濃縮）
　　… 大さじ1
白すりごま … 大さじ1

解凍する

≫ 冷凍うどんはパッケージの表示通りに電子レンジで解凍する。

加熱する

≫ なすはヘタを切り落として全体をラップで包む。電子レンジで3分加熱し、粗熱が取れたら縦に4等分に裂く。

器に盛る

≫ 器にうどんを盛り、水菜、なす、ツナをのせ、**A**をかける。好みでラー油をかける。

113

トースターよりもカリカリ＆ふわふわに

フライパントースト

Point

食パンは4枚切りでも8枚切りでも、焼き時間は同じです。

材料（1人分）

食パン（6枚切り）… 1枚
バター（またはマーガリン）… 10g

Step 1

焼く

▶ フライパンにバターを入れ**中火**で熱し、バターが溶けたら食パンを入れる。フライ返しで食パンの中央を押さえながら両面を30秒ずつ焼く。

\アレンジ/

目玉焼きトーストに

食パンの中央に丸いグラスなどを置き、ぎゅっと押してくり抜きます。片側を焼いて裏返したときに、穴に卵を入れてフタをし、卵に火が通るまで焼きます。

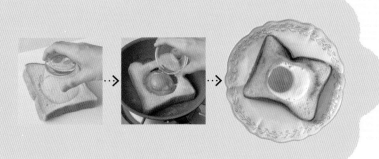

お好みの具を詰めれば、ボリューミーな一品に

ポケット
サンドイッチ

材料 （1人分）

食パン（4枚切り）… 1枚
きゅうり（斜め薄切りにする）… 2枚
サニーレタス（手でちぎる）… 1枚
バター … 5g
ケチャップ … 適量

A ▸▸ 混ぜる

　卵 … 1個
　ピザ用チーズ … 10g
　塩・こしょう … 少々

B ▸▸ 混ぜる

　ツナ（缶汁を切る）… 1/4缶
　マヨネーズ … 小さじ1

パンを切る

≫ 食パンは半分に切り、断面に包丁で切り込みを入れてポケットを作る。

卵を焼く

≫ フライパンにバターを入れ**弱めの中火**で熱し、バターが溶けたら**A**を加えて大きく混ぜ、半熟になったら火を止める。

パンに具を入れる

≫ 食パンのポケットにレタス、きゅうり、**B**を入れる。もう片方のポケットにレタスとStep 2の卵焼きを入れ、ケチャップをかける。

フライパン

バターの風味で香ばしく焼きあげましょう

フレンチトースト

材料 （1人分）

食パン（6枚切り）… 1枚
バター … 10g
メープルシロップ … 適量
粉糖 … 適宜

A ▸▸ 混ぜる

卵 … 1個
牛乳 … 100㎖
砂糖 … 大さじ1

Step 1

パンをひたす

》 食パンは4等分に切り分け、ポリ袋に**A**といっしょに入れて3分ひたす。

Step 2

焼く

》 フライパンにバターを入れ**中火**で熱し、バターが溶けたら食パンを入れる。**弱めの中火**で焼き色がつくまで両面を焼く。

Step 3

器に盛る

》 器に盛り、メープルシロップをかけ、好みで粉糖をふる。

フライパン

クロックムッシュ

材料 (1人分)

食パン(6枚切り)… 2枚
ケチャップ … 小さじ1
ハム … 2枚
スライスチーズ … 2枚
バター(5gずつ分けておく)… 10g
黒こしょう(粗びき)… 適量
レタス(細切りにする)… 適量

Step 1 パンにはさむ

≫ 食パン1枚の片面にケチャップをぬり、チーズ1枚、ハム、黒こしょう、チーズ1枚を順にのせる。もう1枚の食パンを重ねて具材をはさむ。

Step 2 焼く

≫ フライパンに半量のバターを入れ**中火**で熱し、バターが溶けたらStep 1のパンを入れる。フライ返しで強く押しながら焼き色がつくまで焼く。

Step 3 裏返して焼く

≫ パンをフライ返しで持ち上げて残りのバターをフライパンに入れる。裏返して戻し、Step 2と同様に焼く。食べやすい大きさに切り、レタスをしいた器に盛る。

フライパン

ポーチドエッグは温泉たまごで代用します

エッグベネディクト風 オープンサンド

材料 （1人分）

イングリッシュマフィン … 1個
ベーコン（長さを半分に切る）… 2枚
アボカド（薄切りにする）… 1/2個
温泉たまご … 2個
黒こしょう（粗びき）… 適量

A ▸▸ 混ぜる

　ケチャップ … 大さじ1/2
　マヨネーズ … 大さじ1/2

\ アレンジ /

ポーチドエッグを作る

鍋に500mℓの湯を沸かし、酢大さじ1と塩小さじ1/3を加え、菜箸で一定方向にかき回します。卵をそっと渦の中心に落として2〜3分ほどゆで、キッチンペーパーで水気をふき取ります。Step3と同様にマフィンにのせます。

Step 1

分ける

≫ マフィンは包丁かフォークを使って2つに分ける。

Step 2

焼く

≫ フライパンにマフィンとベーコンを並べて**中火**で両面焼く。マフィンは両面に軽く焼き色がついたら取り出す。

Step 3

具材をのせる

≫ マフィンに、ベーコン、アボカド、温泉たまごの順にのせて**A**をかけ、黒こしょうをふる。

小さな
おかず

サッと炒める、混ぜる、漬けるだけでできちゃう
ちょっとした野菜の副菜やおつまみのレシピです。
もう一品ほしいな……というときに活躍します。

だいこんとツナの マヨサラダ

材料 （1人分）

だいこん（千切りにする）
　… 5cm長さ分（100〜120g）
貝割れ菜（半分に切る）… 1/4 パック
ツナ（缶汁は切る）… 1/2 缶
刻みのり 適量

A

マヨネーズ	大さじ1
ポン酢しょうゆ	小さじ2

Step 1 だいこんと貝割れ菜はいっしょに1分ほど水にさらし、ザルに上げて水気を切る。

Step 2 ボウルにだいこん、貝割れ菜、ツナ、Aを入れて混ぜ合わせる。

Step 3 器に盛り、刻みのりをかける。

水菜と塩昆布のサラダ

材料 （1人分）

水菜（4cm長さに切る）　1/4束
塩昆布　5g
ごま油　小さじ1/3
白いりごま　適量

Step 1 ボウルに水菜、塩昆布、ごま油を入れて混ぜ合わせ、手で軽くもむ。

Step 2 器に盛り、白いりごまをふる。

アボカドと
トマトのサラダ

材料 （1人分）

トマト（乱切りにする）… 1/2個
アボカド（乱切りにする）… 1/2個

A

酢 … 大さじ2
砂糖 … 大さじ1
塩 … 小さじ1/4

Step
1
　ボウルにトマト、アボカド、Aを入れ、軽く混ぜ合わせる。

キャベツと
サバ缶のサラダ

材料（1人分）

キャベツ（千切りにする）… 2〜3枚
大葉（千切りにする）… 2枚
サバの水煮缶（汁気を切る）
　… 1/2缶
ポン酢しょうゆ … 適量
七味唐辛子 … 適量

 キャベツと大葉はいっしょに水にさらし、ザルに上げて水気を切る。

 器にキャベツと大葉を盛り、サバの水煮をのせる。ポン酢をかけ、七味唐辛子をふる。

玉ねぎと
卵黄のサラダ

材料（1人分）

玉ねぎ（薄切りにする）… 1/4個
卵黄 … 1個
かつお節 … 適量
しょうゆ … 適量

 玉ねぎは水に5分ほどさらしてからキッチンペーパーで水気をふき取り、器に盛る。

 玉ねぎの中央に卵黄をのせ、かつお節をふり、しょうゆをかける。

こんにゃくの
ソース炒め

フライパン

材料（1人分）

こんにゃく
（スプーンで一口大にちぎる）
　… 100g
ごま油 … 小さじ1
中濃ソース … 大さじ1
かつお節 … 適量
万能ねぎ（小口切りにする）… 適量

 こんにゃくは熱湯でさっとゆでる。

 フライパンにごま油を入れ**中火**で熱し、こんにゃくを炒める。

 薄く焼き色がついたら中濃ソースを加えて煮からめる。器に盛り、かつお節と万能ねぎをふる。

彩りもずく酢

材料（1人分）

ミニトマト（1cm角に切る）… 1個
きゅうり
（1cm幅の輪切りにして4等分にする）
　　… 1/4本
味つきもずく … 1パック
しょうが（すりおろし）… 適量

Step 1
▶ ボウルにミニトマト、きゅうり、もずくを入れて混ぜ合わせる。

Step 2
▶ 器に盛り、しょうがをのせる。

電子レンジ

ポテトサラダ

材料（1人分）

じゃがいも（皮ごとよく洗う）… 1個
きゅうり（薄切りにする）… 1/4本
ハム（1.5cm角に切る）… 1枚

A

マヨネーズ … 大さじ1
酢 … 小さじ1/3
塩・こしょう … 各少々

Step 1
▶ きゅうりは塩少々（分量外）をまぶして5分ほどおき、両手の手のひらではさんで押さえ、水気をしぼる。

Step 2
▶ じゃがいもはぬらしたキッチンペーパーをかぶせてラップで包み、電子レンジで3分加熱する。

Step 3
▶ 粗熱を取ったじゃがいもの皮をむき、ボウルに入れてつぶす。きゅうり、ハム、Aを加えて混ぜる。

フライパン

納豆チーズの油揚げ焼き

材料（1人分）

油揚げ … 1枚
納豆 … 1パック
付属のタレ … 1袋
ピザ用チーズ … 10g

Step 1
▶ 油揚げは半分に切り、それぞれの切り口から指を入れて袋状になるように開く。

Step 2
▶ 納豆にタレとチーズを加えて混ぜ、油揚げに入れてつまようじで縫うように切り口を止める。

Step 3
▶ フライパンを**中火**で熱して油揚げを入れ、両面を焼く。つまようじを取って半分に切り、器に盛る。

長いもめんたい

材料（1人分）

長いも … 7〜8cm長さ分（約80g）
明太子（薄皮を取る）… 1/2本
しょうゆ … 適量

Step 1
▶ ポリ袋に皮をむいた長いもを入れ、袋の上から空きびんの底などでたたいて粗くつぶす。

Step 2
▶ 器に長いもと明太子を盛り、しょうゆをかける。

パプリカの和風甘酢漬け

材料（1人分）

赤・黄パプリカ
（長めの乱切りにする）
… 各1/4個

A ▶▶ 混ぜる

白だし … 大さじ1
酢 … 大さじ1
砂糖 … 小さじ1/2

Step 1
▶ ボウルにパプリカと**A**を入れて軽く混ぜ、5分ほど漬ける。

ピリ辛 たたききゅうり

材料 （1人分）

きゅうり … 1本

A ▸▸ 混ぜる

しょうゆ … 大さじ1
酢 … 大さじ1
砂糖 … 小さじ2
白すりごま … 小さじ2
豆板醤 … 少々

Step 1 ▸ きゅうりは塩少々（分量外）を全体につけ、まな板に押しつけるようにして転がし、水で洗って塩を落とす。

Step 2 ▸ きゅうりを空きびんの底などでたたいて好みの大きさに割る。

Step 3 ▸ ボウルにきゅうりとAを入れて軽くもみ、5分ほど漬ける。

レタスの
焼肉のタレ炒め

フライパン

材料 （1人分）

レタス（手で大きめにちぎる）… 3枚
ごま油 … 小さじ1
赤唐辛子（小口切りにする）… 1/2本
焼肉のタレ … 小さじ2〜3

Step 1
▶ フライパンにごま油と赤唐辛子を入れ**中火**で熱し、レタスを加えさっと炒める。

Step 2
▶ レタスがしんなりしてきたら焼肉のタレを加えて味を調え、器に盛る。

電子レンジ

エリンギの
ナムル

材料 （1人分）

エリンギ（4cm長さの薄切りにする） … 1本

顆粒鶏がらスープ … 小さじ1/4
ごま油 … 小さじ1/2
白すりごま … 小さじ1/2

Step 1
耐熱ボウルにエリンギを入れ、ふんわりとラップをかけて電子レンジで1分30秒加熱する。

Step 2
▶ をボウルに加えて混ぜ、器に盛る。

アスパラと
ベーコンの
マヨ炒め

材料 （1人分）

アスパラ（斜め薄切りにする）
　… 2〜3本
ベーコン（1cm幅に切る）… 1枚
マヨネーズ … 大さじ1/2
塩・こしょう … 各少々

Step 1 ▶ フライパンにベーコンを入れて**中火**で炒める。

Step 2 ▶ ベーコンの脂が出てきたら、アスパラとマヨネーズを加えて炒め合わせる。

Step 3 ▶ アスパラに火が通ったら、塩・こしょうで味を調える。

電子レンジ

蒸しなすの
中華ダレ

材料 （1人分）

なす（ピーラーで皮をむく）… 1本

A ▶▶ 混ぜる

　長ねぎ（みじん切りにする）… 3cm
　しょうゆ … 小さじ1　**酢** … 小さじ2/3
　砂糖 … 小さじ1/3　**ごま油** … 小さじ1/3

Step 1 ▶ なすは全体をラップで包み、電子レンジで2分30秒加熱する。

Step 2 ▶ 2cm厚さに切って器に盛り、Aをかける。

ちくわと
ピーマンの
照り焼き

フライパン

材料（1人分）

ちくわ
（縦半分に切って斜め薄切りにする）
　　　　2本
ピーマン（乱切りにする）　1個
ごま油　小さじ1
白いりごま　適量

▶▶ 混ぜる

しょうゆ　小さじ1
みりん　小さじ1
砂糖　小さじ1

Step 1　フライパンにごま油を入れ**中火**で熱し、ちくわとピーマンを炒める。

Step 2　ちくわとピーマンに焼き色がついたら、 を加えて煮からめる。器に盛り、白いりごまをふる。

はんぺんの
カレーマヨ炒め

フライパン

材料（1人分）

はんぺん
（縦半分に切って乱切りにする）
　　　　1/2枚（50g）
マヨネーズ　大さじ1/2
カレー粉　小さじ1/4
塩・こしょう　各少々

Step 1　フライパンにマヨネーズを入れ**中火**で熱し、はんぺんを加えて炒める。

Step 2　焼き色がついたらカレー粉をふり、塩・こしょうで味を調える。

スープ

ポトフ、ワカメと豆腐の味噌汁、トマトと卵のサンラータンなど
和洋中さまざまなスープをご紹介しています。
好みでメイン料理と組み合わせてみましょう。

電子レンジ

ソーセージのうまみが味の決め手になります

ポトフ

材料 （1人分）

キャベツ … 1/8個
じゃがいも（4等分に切る）… 小1個
にんじん（3等分に切る）… 1/4本
玉ねぎ（3等分に切る）… 1/4個
ソーセージ … 2本

A

顆粒コンソメ
… 小さじ1

ローリエ … 1枚

水 … 200㎖

塩・こしょう … 各少々
粒マスタード … 適量

132

下準備をする

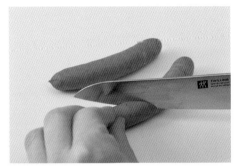

▶ ソーセージは斜めに3か所切り込みを入れる。

Point

電子レンジで加熱する場合、
ソーセージには切り込みを
入れて破裂を防止します。

スープ

ボウルに入れる

▶ 耐熱ボウルに野菜とソーセージを入れ、**A**を
加える。

Point

キャベツが大きい場合には、
ざく切りにすると火の通りが
早くなります。

加熱する

▶ ふんわりとラップをかけ、電子レンジで8分加
熱する。

▶ 塩・こしょうで味を調える。器に盛り、粒マ
スタードを添える。食べる際にローリエを取り
のぞく。

片手鍋

ブロッコリーと きのこのミルクスープ

材料 （2杯分）

ブロッコリー（粗く刻む）… 4 房
しめじ（根元を切ってほぐす）… 1/4 株
ベーコン（1cm幅に切る）… 1 枚
オリーブオイル … 小さじ1
塩・こしょう … 各少々

A

牛乳 … 200㎖
水 … 200㎖
顆粒コンソメ … 小さじ2

Step 1
≫ 片手鍋にオリーブオイルを入れ**中火**で熱し、ブロッコリー、しめじ、ベーコンを加えて軽く炒める。

Step 2
≫ **A**を入れ、**弱めの中火**で5分ほど煮込み、塩・こしょうで味を調える。

＼アレンジ／

ベースを豆乳に

牛乳の代わりに豆乳200㎖を入れて作ると、牛乳の場合よりもあっさりとした味わいになります。

コンソメ卵スープ

材料（1杯分）

卵 … 1個
ハム（1.5cm角に切る）… 1枚
顆粒コンソメ … 小さじ1
熱湯 150mℓ
パセリ（みじん切りにする）… 適量

Step 1 耐熱カップに卵を割りほぐし、ハムと顆粒コンソメを加えて混ぜる。

Step 2 熱湯を注いでよく混ぜ、パセリを散らす。

トマトスープ

電子レンジ

材料（1杯分）

トマト（乱切りにする）… 1個
顆粒コンソメ … 小さじ1
粉チーズ … 適量
黒こしょう（粗びき）… 適量

Step 1 耐熱カップにトマトと顆粒コンソメを入れ、ふんわりとラップをかけて電子レンジで3分加熱する。

Step 2 ひと混ぜし、粉チーズと黒こしょうをふる。

135

ワカメと豆腐の味噌汁

片手鍋

材料 （2杯分）

木綿豆腐（2cm角に切る）… 1/2丁
長ねぎ（小口切りにする）… 6cm
乾燥ワカメ … 小さじ2
味噌 … 小さじ4

A

水 … 400㎖
顆粒和風だし … 小さじ2/3

Step 1
片手鍋に**A**を入れ**中火**にかけ、沸騰したら豆腐、ワカメの順に加えて1分ほど煮る。

Step 2
味噌をお玉に入れ、煮汁で溶きながら加える。味噌が溶けたらすぐに火を消す。

Step 3
器に盛り、長ねぎをのせる。

Point
味噌に含まれるうまみや香りは、加熱し続けると飛んでしまうので注意しましょう。溶けたらすぐに火を消すのがコツです。

片手鍋

豚汁

材料 （2杯分）

豚ばら肉（一口大に切る）… 60g
じゃがいも（薄い半月切りにする）… 1個
だいこん（いちょう切りにする）… 2cm
にんじん（いちょう切りにする）… 2cm
長ねぎ（小口切りにする）… 6cm
味噌 … 大さじ2
七味唐辛子 … 適宜

A

水 … 500ml
顆粒和風だし … 小さじ1
酒 … 小さじ1

Step 1 片手鍋に豚肉、じゃがいも、だいこん、にんじん、**A**を入れ**中火**にかける。

Step 2 沸騰したらフタをして**弱めの中火**で7〜8分煮る。長ねぎを加えてひと煮する。

Step 3 味噌をお玉に入れ、煮汁で溶きながら加える。味噌が溶けたらすぐに火を消し、器に盛る。好みで七味唐辛子をふる。

温泉たまごと梅のスープ

材料 （1杯分）

温泉たまご … 1個
梅干し … 1個
白だし … 大さじ2/3
熱湯 … 150ml
かつお節 … 適量
万能ねぎ（小口切りにする）… 適量

Step 1 耐熱カップに梅干しと白だしを入れ、熱湯を注ぐ。

Step 2 温泉たまごを入れ、かつお節と万能ねぎをふる。

片手鍋 トマトと卵の サンラータン

材料 (2杯分)

ミニトマト(半分に切る)… 6個
卵(割りほぐす)… 2個
水溶き片栗粉
　… 水大さじ1、片栗粉小さじ1
酢 … 大さじ1
万能ねぎ(小口切りにする)… 適量
ラー油 … 適量

A

水 … 400ml
顆粒鶏がらスープ … 小さじ2
しょうゆ … 大さじ1/2
塩・こしょう … 各少々

 Step 1 ▶ 片手鍋に**A**を入れ**中火**にかけ、沸騰したらミニトマトと水溶き片栗粉を加えて煮る。

 Step 2 ▶ とろみが出てきたら、溶き卵を少しずつ注ぎ入れ、酢を加えてすぐに火を止める。

 Step 3 ▶ 器に盛り、万能ねぎを散らしてラー油をかける。

Point

酢は加熱することで風味が飛んでしまうので、火を止める直前に加えましょう。

ねぎと
ワカメの
中華スープ

材料 （1杯分）

長ねぎ（小口切りにする）… 3cm
乾燥**ワカメ** … 小さじ1
顆粒鶏がら**スープ** … 小さじ1
しょうゆ … 小さじ1/2
白いりごま … 小さじ1/2
熱湯 … 150㎖
ごま油 … 適量

耐熱カップに長ねぎ、ワカメ、顆粒鶏がらスープ、しょうゆ、白いりごまを入れる。

熱湯を注いで混ぜ、ごま油をかける。

きのこと
しょうがの
薬膳スープ

片手鍋
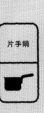

材料 （2杯分）

えのき（根元を切って半分に切る）… 1/2株
しめじ（根元を切ってほぐす）… 1/2株
しょうが（千切りにする）… 1片
ごま油 … 大さじ1/2

A

水 … 400㎖
顆粒鶏がら**スープ** … 小さじ2

片手鍋にごま油としょうがを入れ**中火**で熱し、香りが出てきたら、えのき、しめじ、**A**を加えて煮る。

きのこに火が通ったら、器に盛る。

自炊ビギナーさんが知っておきたいこと ⑩

Let's cook!

料理に慣れてないけど作れるのかな……、そんなビギナーさんに向けて
基本的な切り方や下ごしらえ、便利な保存方法などをまとめてご紹介します。

1 包丁の使い方

まずは基本の持ち方や切り方をマスターし、包丁を安全に使いこなしましょう。

部位の役割

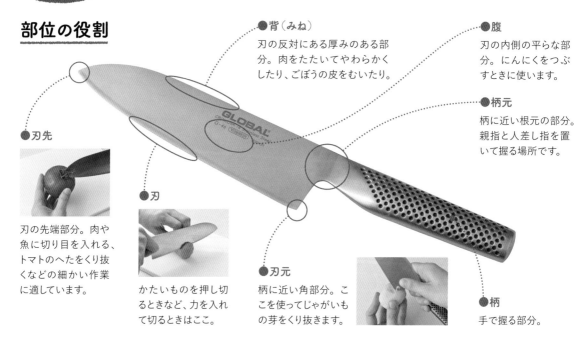

●背（みね）
刃の反対にある厚みのある部分。肉をたたいてやわらかくしたり、ごぼうの皮をむいたり。

●腹
刃の内側の平らな部分。にんにくをつぶすときに使います。

●柄元
柄に近い根元の部分。親指と人差し指を置いて握る場所です。

●刃先

刃の先端部分。肉や魚に切り目を入れる、トマトのへたをくり抜くなどの細かい作業に適しています。

●刃
かたいものを押し切るときなど、力を入れて切るときはここ。

●刃元
柄に近い角部分。ここを使ってじゃがいもの芽をくり抜きます。

●柄
手で握る部分。

持ち方

柄元に親指と人差し指を置いて手のひら全体で包むように持つのが基本。細く切ったりするときは、包丁を安定させるために人差し指を背（みね）に当てるようにして持つと扱いやすくなります。

切り方

安定した場所に食材を置き、包丁を持っていない方の手の指を曲げ、食材を押さえながら切ります。ただし、かぼちゃなどのかたい食材を切る場合は、食材に対して包丁が垂直になるように刃を当て、片手を背にのせて押し切ります。

2 食材の切り方

どんなふうに切るかは、火の通り具合や調味料の染み込み方、食感を左右します。
切り方のバリエーションを覚えておくと、スムーズに調理に取り組めます。

くし切り

トマトや玉ねぎなどを縦半分に切り、中心から放射状に用途に合わせて等分に切ります。

薄切り

玉ねぎなどを縦半分に切り、端から厚みをそろえて薄く切ります。玉ねぎの場合は繊維に沿って切ると食感が残り、繊維を断つようにして切ると火の通りが良くなります。

繊維に沿って

繊維を断つように

斜め切り

長ねぎなどの細長い食材を先端からレシピに応じた幅になるように斜めに切ります。

乱切り

まず先端を斜めに切り落とします。次に切り口が手前にくるように食材を回し、切り口の真ん中に包丁を入れて切ります。

角切り（さいの目切り）

「●cm角に切る」と示される切り方です。1cmくらいのものは、さいの目切りとも呼びます。レシピに応じたサイズで端から切り、同じ幅で縦に切り、向きを変えてからさらに同じ幅で切ります。

細切り

繊維に沿って薄切りにし、何枚か重ねて端から4mm程度の細さに切ります。

  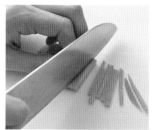

短冊切り

細切りと同じように繊維に沿って薄切りにし、何枚か重ねて短冊のように長方形に切ります。

千切り

斜め切りにした食材を少しずつ重なるようにして並べ、細切りよりも細くなるように端から切ります。

輪切り

筒状の形の食材を端からレシピに合わせた幅で切ります。

半月切り

食材を縦半分に切ってから輪切りと同じように切ります。輪切りの半分。

いちょう切り

縦半分に切ったものをさらに縦半分に切ってから、輪切りと同じように切ります。輪切りの4分の1。

みじん切り

長ねぎ

玉ねぎ

しょうが

にんにく

玉ねぎ

縦半分に切り、根元を残して縦に切り込みを入れます。

向きを変え、包丁を寝かせて横に切り込みを入れます。

向きを変えずにそのまま端から細かく切ります。

長ねぎ

端から斜めに切り込みを入れ、手前に回して裏側も同様に切ります。

端から細かく切ります。

しょうが

薄切りにし、何枚か重ねて細切りにしたあと、向きを変えて端から細かく切ります。

にんにく

玉ねぎと同様に縦半分に切ってから縦と横に切り込みを入れます。

端から細かく切ります。

ざく切り

扱いやすい大きさに切り分けて何枚かまとめて重ね、四角形になるように大まかに切ります。

小口切り

細長くて筒状の食材を端から直角に切ります。

そぎ切り

包丁を少し寝かせて端から斜め下に向かって切ります。切り落とす側に手を添えましょう。

下ごしらえのしかた

おいしく料理するには、調理前の下ごしらえが大切です。
ひと手間で口当たりや仕上がりが良くなるので、手順をおさえておきましょう。

じゃがいも

じゃがいもの芽には腹痛や下痢を起こす毒素が含まれています。包丁の刃元を使って掘るようにして取りましょう。

ピーマン

縦半分に切り、ヘタとタネを指で取りのぞきます。ヘタを包丁で切り落とし、タネを指で取りのぞく方法もあります。

かぼちゃ

タネとワタは包丁ではなくスプーンを使って取ります。ヘタがあれば切り落として。

キャベツ

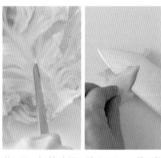

葉と同じ加熱時間で済むように、芯と葉を切り分け、芯をそぎ切りか薄切りにします。レタスや白菜も同様にします。

なす

なすはアクが強いため、切ったままにすると変色します。切ったら、ボウルなどに入れた水に2〜3分さらします。

アスパラ

根元はかたくて口当たりが悪いので、1〜2cmほど切り落とします。切り口から4〜5cmの皮もかたいのでむきます。

にんにく

にんにくの芯は焦げやすく、料理の味を損ねることも。皮をむいて縦半分に切り、中心にある芯を刃元で取りましょう。

しょうが

片手でしょうがを持ち、指先でつかんだスプーンの背をしょうがの表面に押し当てて削るようにして汚れを取ります。

しし唐

加熱すると破裂する恐れがあります。竹串やつまようじなどで数か所穴を開けておきましょう。

きのこ

水で洗うと風味が逃げるので、キッチンペーパーで汚れをふき取ります。

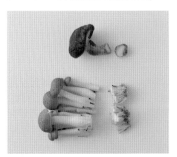

根元の部分を切り落とします。

しいたけ

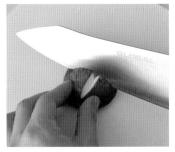

斜めに寝かせた包丁で左右からV字になるように切り込みを入れます。

向きを変え、十字になるよう同じようにして切り込みを入れます。

アボカド

縦半分にするように包丁を入れ、タネに沿って一周させます。上下を持って左右にひねり、2つに分けます。タネに刃元を刺して取りのぞきます。

鶏もも肉

身からはみ出している余分な皮や黄色がかった脂は、指でひっぱりながら包丁で切り落とします。

白く入ったスジは断ち切るように浅く切り込みを入れ、焼き縮みや食感が悪くなるのを防ぎます。

エビ（むきエビ）

キッチンばさみを使って背に切り込みを入れます。

切らないように注意しながら刃の先端で背ワタを引き出し、指で取りのぞきます。

アサリ

バットに並べ、ひたひたの塩水（水1カップにつき小さじ1が目安）を加えます。アルミホイルなどをかぶせて暗くします。

キッチンばさみの使い方

包丁では扱いにくい食材を切るのに便利なキッチンばさみ。
まな板を汚さずに手早く簡単に切れるので、活用しましょう。

しめじ

手でいくつかの房に分けてから、石づきの根元を切り落とします。

万能ねぎ

鍋の上で数本まとめて持ち、好きな幅に切ります。

ブロッコリー

湯を沸かした鍋の上で茎を切り、小房に分けます。

アボカド

ヘタからはさみを入れ、タネに沿ってぐるっと一周させます。

鶏肉

皮や肉の間にある黄色っぽい脂を指でつまんでひっぱりながら切ります。

ベーコン

フライパンの上で、好みの幅に切り落とします。

ゆで卵

マグカップなどの器に入れて好みの大きさになるまで切ります。

サンドイッチ

手のひらにのせ、好みの幅に切ります。

キムチ

容器に入れたまま、好みの大きさになるまで切ります。

5 火加減・水加減について

レシピに登場する火加減や水加減は、料理の大切なポイントです。
それぞれの用語が具体的にどのくらいを示すのかをご紹介します。

火加減

弱火

調理器具の底に火が当たらない状態。長時間かけてゆっくりと火を通したい煮ものに適しています。

中火

調理器具の底に火が当たるか当たらないかの状態。多くの料理に使われます。弱めの中火の場合は、弱火と中火の中間を目安にします。

強火

調理器具の底全体に火が当たり、火が折れて左右に大きく広がっている状態。炒めものや湯を沸かすときに適しています。

加熱調理の注意点

●コンロの周りを確認する

紙類やペットボトルなどのプラスチック製品は燃えやすいので、近くに置かないようにします。

●必ず換気をする

ガスの充満を防ぎ、新鮮な空気でガスを燃やすために必ず換気をしましょう。窓を開けたり換気扇をまわしたりすればOK。

●空だきに要注意!

フライパンや鍋を傷つけるだけでなく、火事の原因になることも。加熱調理をする前に下ごしらえをすべて済ませるなど、加熱調理がスムーズにできるように準備しましょう。

水加減

ひたひた

材料の頭が見えたり隠れたりするくらいの水を入れた状態。貝類の砂出しや煮崩れしやすいものを煮るときに適した量です。

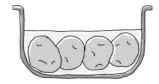

かぶるくらい

材料全体がぎりぎりつかっているくらいの水を入れた状態。煮るときや乾物を戻すときに適した量です。

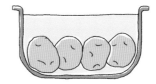

たっぷり

材料がすべて水に沈み、さらに十分な水を入れた状態。野菜や麺類をゆでるときに適しています。

6 電子レンジの豆知識

「簡単」「時短」をかなえてくれる電子レンジは、自炊の強い味方です。
タイプの違いや使用OKの容器などをチェックしておきましょう。

どうやって
加熱しているの?

電子レンジは電波によって加熱をしています。電波を発生させ、その作用で食品内の水分子が動かされて摩擦熱が生じ、食品が温まります。そのため、水分子が多い食品ほど温まりやすくなります。

タイプ

フラットタイプ

フラットタイプは、電波が拡散するようになっているため、食品を移動させなくても均一に電波が届いて温まります。温めたいものを庫内の中央に置けばOK。

ターンテーブルタイプ

ターンテーブルタイプは、電波がある一か所から出るため、電波の当たり方に偏りが生じます。そのため、ターンテーブルにのせて食品を動かしながら加熱します。ターンテーブルの中央ではなく、やや外側に置きましょう。

ワット数

600W・500W

食品(冷凍を含む)を温めたり、野菜の下ごしらえや加熱調理をするときに使います。

200W

冷凍食品を自然解凍に近い形で解凍するときに使います。ゆっくりと熱を入れる調理時にも。

電子レンジ加熱に使えるもの・使えないもの

電子レンジの電波は金属に反射するので、金属類を使用すると燃えたり爆発したりする危険性があります。食器のフチや模様などに金属が含まれている場合も危険です。また、殻つきの食材や密閉された状態の食材は破裂する可能性があるため、食材と容器を確認してから加熱しましょう。

○ 使えるもの

・磁器/陶器
　(金属不使用のもの)
・耐熱ガラス
・耐熱容器
　(耐熱140℃以上のプラスチックやシリコン容器)
・ラップ
　(油分が多いものは、直接ふれないようにかける)

× 使えないもの

・金属容器
・耐熱140℃以下のプラスチックやガラスなど
・漆器
・木製容器
・殻つきの食材(殻つきゆでたまご、くり、ぎんなんなど)
・皮つきの食材
　(たらこ、イカなど)
・密閉状態の食材
　(生卵の黄身など)

レンジ調理のお助けアイテム

耐熱皿や耐熱ボウル以外にもレンジ調理で活躍するものを紹介します。

密閉容器（耐熱プラスチック）

少量を調理するときや、洗い物を少なくしたいときに使います。密閉容器ならレンジ調理をした料理をそのまま保存できます。フタは必ず開け、少しずらして加熱します。

ラップ

水分を逃がさずにしっとりと仕上げたいもの、弾けやすいものを温めるときに使います。肉まん、カレー、タレのかかった食品、飲み物や汁ものを温めるときは必須です。蒸気の圧力でラップが裂けないよう、ふんわりとかけるようにしましょう。

キッチンペーパー

水分を逃がして温めたいものや、余分な油を取りたいもの、蒸しものなどを温めるときに使えます。揚げものを温めるときは食品の下に入れ、蒸しものを温めるときは、軽く水にぬらして食品を包み、ふんわりとラップをかけて温めます。

クッキングシート

焦がさずにふっくらと仕上げたいものを温めるときに使います。タレのついた焼き鳥、照り焼きなどの焼き物は、食品をクッキングシートではさむようにして包んで温めるようにしましょう。

レンジでできる時短レシピ　※すべて600Wで加熱

トッピングとして活用できるので、覚えておくと便利です。

パリパリベーコン

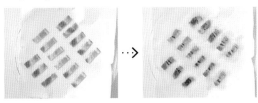

耐熱皿にキッチンペーパーを置き、1cm幅に切ったベーコンを並べて、1分加熱する。

タコウィンナー

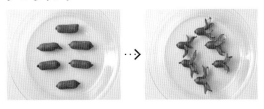

片方の先端に十字の切り込みを入れて耐熱皿に並べ、50秒〜1分加熱する。

カリカリじゃこ

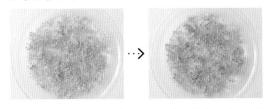

耐熱皿にじゃこを並べ、ごま油をかけ軽く混ぜる。じゃこが重ならないように平らにならし、2〜3分加熱する。

食パンクルトン

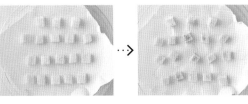

耐熱皿にキッチンペーパーを置き、残った食パンを1.5cm角に切り分けて並べ、1分〜1分30秒加熱する。

食材の保存方法

無駄なく使い切れるよう、食材の特徴に合わせて保存しましょう。
切った状態で冷凍保存をしておくと、調理やすくて一石二鳥！

保存のコツ

●余分な水気を取りのぞく

余分な水気は、いたむ原因になったり、冷凍すると霜がつきやすくなったりします。キッチンペーパーでふき取りましょう。

●空気にふれないように密閉する

空気を遮断することで、菌の繁殖や乾燥、酸化を防ぐことができます。ラップは空気が入らないよう密着させて包み、保存袋は余分な空気を抜くようにします。

●なるべく平らにして小分けで冷凍する

すばやく凍らせたほうが風味や食感が落ちにくいため、短時間で凍るように平らにします。また、小分けにしておくと調理の際の使い勝手がよくなります。

MEMO

食材に合わせた解凍法を選ぶ

冷凍した食材を活用するには、解凍のプロセスも大切です。食材や調理法に適した方法で解凍しましょう。

冷蔵に移す	解凍に時間がかかりますが味が落ちにくい方法です。調理する時間の半日から1日前に移します。
電子レンジ	すぐ使いたいときに便利な方法ですが熱が入りすぎることもあるため、様子を見ながら加熱しましょう。
そのまま調理	凍ったままでフライパンや鍋に直接入れるなど、解凍と同時に加熱調理をします。
再冷凍はNG！	冷凍していた食材でいったん解凍したものは、再度冷凍するのは避けましょう。

食材保存ミニカタログ

食材の特徴やすぐに使うのかどうかなどに応じて、常温・冷蔵・冷凍を選びましょう。また、冷凍する際の保存袋は、乾燥を防ぐため必ず厚手の冷凍用の保存袋を用います。

覚えておくととっても便利

ごはん

冷凍 保存期間：1か月

ごはんが温かいうちにラップで包み、保存袋に入れる。または、温かいうちに保存容器に入れてフタをする。

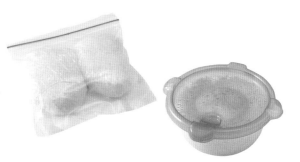

パン

冷凍 保存期間：1か月

食パンは1枚ずつラップで包んで保存袋に入れる。ほかのパンは薄く切るか1個ずつラップで包んで同じように冷凍する。

卵

冷凍 保存期間：3週間

殻つきのままラップで包んで保存袋に、または溶き卵にして保存容器に入れる。どちらも冷蔵で解凍すれば、殻つきは卵かけごはん、溶き卵は卵焼きやスープに。

薄切り肉

 冷蔵 保存期間：3日

キッチンペーパーで水気をふき取り、空気を抜くようにしてラップでぴったりと包む。

冷凍 保存期間：1か月

キッチンペーパーで水気をふき取り、肉の表面に薄く塩をふり、使いやすい分量ごとにラップで平らに包んで保存袋に入れる。

鶏もも肉・鶏むね肉

冷蔵 保存期間：3日

キッチンペーパーで水気をふき取り、ラップで包む。

冷凍 保存期間：1か月

キッチンペーパーで水気をふき取り、そのままの大きさ、または一口大に切る。肉の表面に薄く塩をふり、使いやすい分量ごとにラップで包んで保存袋に入れる。

ひき肉

 冷蔵 保存期間：2日

ひき肉は、空気にふれる部分が多くていたみやすいため、なるべく早く使うように。キッチンペーパーで水気をふき取り、空気を抜くようにしてラップでぴったりと包む。

 冷凍 保存期間：1か月

キッチンペーパーで水気をふき取って保存袋に入れ、薄く平らにする。上から菜箸などでスジをつけておくと凍ったままでも折って分けられるので便利。

魚の切り身

 冷蔵 保存期間：2日

塩をふって5分おいてからキッチンペーパーで水気をふき取り、ラップで包む。

 冷凍 保存期間：1か月

塩をふって5分おいてからキッチンペーパーで水気をふき取り、ラップで包んで保存袋に入れる。

トマト

冷蔵 保存期間：10日間

1個ずつキッチンペーパーで包み、ポリ袋に入れる。ヘタのほうがつぶれにくいので、必ずヘタの部分を下にする。青みがあるものは常温保存して追熟させてから冷蔵庫へ。

冷凍 保存期間：1か月

ヘタを取り、丸ごとラップで包むか、角切りにして保存袋に入れる。

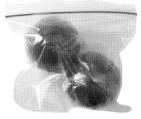 

ピーマン

冷蔵 保存期間：2週間

水気をしっかり取ってから何個かまとめてキッチンペーパーで包み、ポリ袋に入れる。袋に1か所穴を開けておく。使いかけはヘタとタネを取ってラップで包む。

冷凍 保存期間：1か月

ヘタとタネを取り、乱切りや細切りにして保存袋に入れる。

かぼちゃ

冷蔵 保存期間：1週間

水分の多いワタからいたむため、すぐにタネとワタを取りのぞく。キッチンペーパーで切り口とくぼんだところをおおってポリ袋に入れるかラップで全体を包む。

冷凍 保存期間：1か月

タネとワタを取りのぞき、薄切りにしたり一口大に切ったりして保存袋に入れる。

アボカド

冷蔵 保存期間：3〜4日間

1個ずつラップで包んでから袋に入れる。二重にするのは、アボカドが出すエチレンガス（植物の生長を促すもの）がほかの野菜に影響するのを防ぐため。半分に切ったものの場合は、タネがあるほうをラップでぴったりと包んで保存する。

冷凍 保存期間：1か月

皮とタネを取り、角切りにして保存袋に入れる。

キャベツ

 冷蔵 保存期間：1週間

水気をふき取り、切り口に乾いたキッチンペーパーをかぶせて袋に入れるかラップで全体を包む。キッチンペーパーがぬれたら交換をする。

 冷凍 保存期間：1か月

一口大に切って保存袋に入れる。

ほうれん草・小松菜

 冷蔵 保存期間：1週間

根元を下にして立てた状態で保存する。いたんでいる葉がある場合は、そこから広がるので取りのぞく。

 冷凍 保存期間：1か月

3〜4cm幅に切って保存袋に入れる。

もやし

 冷蔵 保存期間：3日間

野菜室ではなく冷蔵室に入れると、いたみにくい。収穫後も呼吸をしているため、袋に穴を数か所開けておくと長持ちする。

 冷凍 保存期間：3週間

購入した袋のままだと密閉性が弱いので、さらに保存袋に入れると長持ちする。

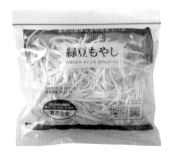

長ねぎ

 冷蔵 保存期間：2週間

保存容器の大きさに合わせて切り、根元を下にして入れる。水を少し入れて保存し、3日おきに水を交換する。

冷凍 保存期間：1か月

斜め切りや小口切りにして保存袋に入れる。

玉ねぎ

常温 保存期間：2か月

もともと日持ちはするが湿気に弱い。紙で包み、風通しのよいところに。

冷蔵 保存期間：1か月

湿度が高いといたみやすいため、5〜10月は冷蔵保存に。1個ずつキッチンペーパーで包んで袋に入れる。

冷凍 保存期間：1か月

みじん切りや薄切りにして保存袋に入れる。

じゃがいも

常温 保存期間：2か月

新聞紙や紙袋でまとめて包み、光を遮断して風通しのよい場所に置く。

冷蔵 保存期間：2〜3週間

15℃以上になると芽が出やすいので5〜10月は冷蔵保存に。そのまま保存袋に入れ、冷気が直接当たらない場所に置く。

冷凍 保存期間：1か月

皮ごとよく洗ってから水気を取り、ラップで包んで保存袋に入れる。凍ったまま水に入れてゆでると、生からゆでたものと同じ食感に。または皮をむいて一口大に切って保存袋に入れる。

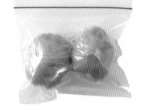 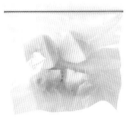

にんじん

冷蔵 保存期間：3週間

湿気に弱いので、水気をよくふくのが大切。キッチンペーパーに包んで保存袋に入れ、ヘタを上にして立てて保存。キッチンペーパーはぬれたら交換する。

冷凍 保存期間：1か月

乱切りや細切りにして保存袋に入れる。

きのこ

冷蔵 保存期間：1週間

きのこは全般的にいたみが早く、湿気と乾燥に弱い。水気をしっかりふき取り、根元をつけたままでキッチンペーパーで包み、袋に根元を下にして入れる。

冷凍 保存期間：1か月

根元を切り落とし、ほぐしてから保存袋に入れる。同じくらいの大きさに切ったきのこを何種類か混ぜて冷凍しておいても便利。

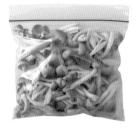 

あまった調味料の活用法

8

ひとり暮らしでは、調味料を使い切れずにあまることも……。
そんなときに役立つ、調味料の新しい使い道を紹介します。

ドレッシング

**イタリアン、フレンチ、
中華、ごま、青じそ**

うまみ成分たっぷりのドレッシング
は、炊き込みごはんの合わせ調味
料として活躍します。サッパリ系の
ものが特におすすめ。また、肉を
ドレッシングに漬け込んでおけば、
揚げものの下味にもなります。

アイデアレシピ

から揚げ

ポリ袋に一口大に切った鶏肉と鶏
肉全体にまわるくらいのドレッ
シングを適量入れ、よくもんで10分
漬けておく。衣をつけて揚げる。

炊き込みごはん

米2合に好きな具材と大さじ4の
ドレッシング、内釜に合わせた水
を加えて炊く。

ウスターソース

いろいろと種類があるソースの中
でも、ウスターソースはとろみが少
なく、さらりとした液状のものです。
炒め煮や、味つけたまごを作るの
に向いています。

アイデアレシピ

味つけたまご

ゆでたまご2個とウスターソース
大さじ1をポリ袋に入れる。空気
を抜きながら口をしばり、一晩おく。

炒め煮

一口大に切った鶏肉全体にまわ
るくらいのウスターソースを適量
入れ、炒めながら煮る。

柚子こしょう

ツナやたまごサンドを作る際に、バ
ターやマヨネーズに少量の柚子こ
しょうを加えると、ピリッとした大人な
味つけに。マヨネーズと合わせて
炒めものに使ったり、ポン酢しょうゆ
と合わせてサラダにかけたりしても。

アイデアレシピ

**柚子こしょう
マヨネーズソース**

マヨネーズ大さじ2と柚子こしょ
う小さじ1/2を混ぜ合わせる。
好みで黒こしょうを加えても。

4位 めんつゆ

だししょうゆの代わりに使ってみて。煮もの、和えもの、タレと、さまざまな料理で使えます。カレーに加えると和風カレーになるので、カレーにめんつゆとうどんを入れれば、おそば屋さん風カレーうどんに。

5位 豆板醤

一味や七味唐辛子の代わりとして使えるので、肉じゃがやサバの味噌煮、味噌汁など、辛みをプラスしたい和食に加えてみると◎。辛さを和らげたいときは、砂糖を少しずつ加えて調節しましょう。

6位 粒マスタード

マヨネーズとの組み合わせがバツグンに良い粒マスタードは、ポテトサラダの隠し味に入れると香りが立ち、うまみもアップ！ コンソメスープや卵スープ、ミルクスープに少量加えると、味に深みが増します。

7位 わさび

ツンとした辛みで味を引き締めてくれるわさびは、隠し味として少量ずつ加えて使うようにしましょう。柚子こしょうと同じように、他の調味料と合わせる使い方もできます。

8位 すき焼きのタレ

ブリの切り身をフライパンで焼いて煮からめれば照り焼きに、水を加えて牛肉と豆腐を煮込めば肉豆腐に。調味料をはかったり混ぜ合わせたりする手間もなく、甘辛い味つけが簡単に決まります。

9位 ごまダレ

マヨネーズの代わりや和えもののタレとして使えます。いつもの味つけに変化をつけたいときや、コクを出したいときに使ってみて。大量に消費したい場合は、焼きそばや野菜炒めなどの炒めものがおすすめ！ 加熱調理すると、香ばしさがアップします。

10位 焼肉のタレ

うまみの詰まった焼肉のタレは、葉物野菜の炒め物に最適。また、同量のお酢を合わせると韓国風味のドレッシングになるほか、ゆでたまごを2個に大さじ1の焼肉のタレを合わせるだけで、味つけたまごが簡単に作れます。

11位 ケチャップ

118ページのエッグベネディクト風オープンサンドのように同量のマヨネーズと混ぜ合わせて作るオーロラソースは、卵料理のほか、フライドポテト、野菜スティックなどとばっちり合います。

9

せまい台所の使い方

便利グッズを活用して動きやすい空間を確保しましょう。
よく使うものを手間に置くなどの配置の工夫も大切です。

台所の壁

調理道具を
壁にかけて収納する

出番の多いフライパンや
フライ返しなどは、S字フックなどのグッズで壁にかけます。省スペースで収納でき、すぐに取り出せます。

調理スペース

便利グッズで
スペースを有効活用

調理スペースがせまい場合は、伸縮可能なシンク用スライドラックやキッチンワゴンを活用しましょう。まな板だけでなく、調理中の食材の置き場や収納スペースにもなります。

コンロまわり

コンロのそばに
燃えるものは厳禁!

コンロの近くは熱が伝わるので、燃えやすいものは置かないように注意しましょう。

シンク

ものを置かずに
清潔を保とう

シンク内には何も置かず、洗いやすいようにしておきます。洗った食器用の水切りかごを置く場所がないときは、清潔なふきんで一時的な水切りスペースを設ければOK。

シンク下の
収納スペース

湿気に弱いものは
置かないように

湿気がたまりやすい場所なので、食器や調理道具、未開封のペットボトルや缶詰などを収納するのに適しています。手前にはよく使うものを、奥にはたまにしか使わないものをしまいましょう。ラックやファイルケースを用いると、何が入っているかわかりやすく取り出しやすいです。

 MEMO

食器洗いのコツ

食器洗いは、汚れの少ないもの→油汚れなど汚れがひどいものの順に洗うのが原則です。紙で汚れをふき取り、湯にひたしておくと汚れが落ちやすくなります。

10 小さな冷蔵庫の収納術

それぞれの食材に適した場所に収納しましょう。
スペースごとに食材の定位置を決めておくと便利です。

冷蔵室

すぐ食べるものを手前に

使いかけや賞味期限が近い食材は、手前の
目につく取り出しやすい場所に置きましょう。
マーガリンとジャムなど、ふだんよく使うもの
はカゴなどにまとめると、持ち運ぶのにも便
利です。

MEMO

**チルド室や
野菜室がある場合**

チルド室には生鮮食品（肉・魚）や
発酵食品、練り物を入れます。缶
入りの飲み物は早く冷えますが、凍
ってしまうので入れっぱなしは避け
て。野菜室には野菜や米を入れま
す。米は専用の保存容器を使いま
しょう。

冷凍室

スペースを仕切って使いやすく

上段と下段がある場合、上には使いかけの
食材や細かな食材、下にストック用の食材を
入れて。分かれていない場合には、手前に
使いかけや開封済みの食材を、奥にストック
用を配置します。カゴやブックエンドで仕切
ると、何があるのか把握しやすく取り出しや
すくなります。

MEMO

常温保存のもの

冷蔵庫に入れず常温保存OKのも
のもあるのでパッケージの確認を。
調味料や粉類など、開封したら冷
蔵が必要なものもあるため、注意し
ましょう。

ドアポケット

**温度変化の影響を
受けにくい食品を入れる**

温度が変化しやすい場所なので、瓶詰の調味
料や飲みものなどの温度の影響を受けにくい
ものを入れましょう。分離しやすいケチャップ
はフタを上に、酸化しやすいマヨネーズは空気
が入らないようフタを下にします。

島本美由紀（しまもとみゆき）

料理研究家・ラク家事アドバイザー。身近な食材で誰もが手軽においしく作れる料理レシピを提案。家事全般のラク（楽しくカンタン）を追求する「ラク家事アドバイザー」としても活動し、働く女性を中心に支持されている。NHK「あさイチ」、日本テレビ「ヒルナンデス！」「ZIP！」、フジテレビ「ノンストップ！」などに出演。テレビや雑誌、ラジオを中心に多方面で活躍中。YouTube「島本美由紀のラク家事ちゃんねる」では、家事がラクに楽しくなるアイデアを毎朝9時に発信している。「野菜保存のアイデア帖」（パイインターナショナル）「らくしてレンチンスープ弁当レシピ」（コスミック出版）など、著書は60冊を超える。

STAFF

調理アシスタント　原 久美子
撮影　森カズシゲ
デザイン　平塚兼右／平塚恵美（PiDEZA Inc.）
本文組版　矢口なな／新井良子（PiDEZA Inc.）
イラスト　和田海苔子

とにかくかんたん
ゆる〜っとはじめる**10分自炊** 増補改訂版

2021年2月10日　初版発行

著　者／島本美由紀
発行者／近藤和弘
発行所／東京書店株式会社
　　　　〒113-0034
　　　　東京都文京区湯島3-12-1　ADEX BLDG.2F
　　　　TEL：03-6284-4005
　　　　FAX：03-6284-4006
　　　　http://www.tokyoshoten.net
印刷・製本／株式会社シナノ

ISBN 978-4-88574-586-7 C2077
©SHIMAMOTO Miyuki 2021 Printed in Japan